前言

PREFACE

随着中国经济持续稳定的发展，我国交通运输体系建设愈发完善。其中，城市地铁、轻轨及高速铁路建设都取得了举世瞩目的成就。党的十九大报告指出，我国社会的主要矛盾已经转化为人民日益增长的美好生活需要和不平衡、不充分的发展之间的矛盾。随着人民生活从更加殷实到更为宽裕，再到基本实现共同富裕，人民群众对交通运输业服务种类、服务范围、服务能力和服务水平的要求也越来越高。很多交通运输企业因此越来越重视高品质的服务，在招募一线工作人员时，倾向于聘用那些能为客户带来良好体验感受的人。作为向轨道交通企业输送服务人才的职业教育工作者，深感责任重大。培养出符合轨道交通企业用人要求的服务型人才，帮助我们的学生获得从事服务工作的幸福感和价值感，是我们编写本书的初心。

如何做好服务，并且懂礼仪、用礼仪是提升服务品质的法宝。礼仪在服务中最基本的作用不只是给客户提供标准化、规范化的服务，同时还要能够带给客户良好的、温暖的服务感受，使礼仪不再是生硬的标准，而是真正可以渗透到服务细节和客户内心的服务技巧。

本书由多年从事一线交通运输服务工作、服务管理培训工作的“双师”型教师编写。本书的出版，是这些职业教育工作者对自己多年工作经验的总结，期望能为我们的学生开启职业生涯的第一扇门。由于作者水平有限，本书的内容未尽完美，倘有纰漏之处，欢迎各位读者指正。

在完成这本书的过程中，得到了有关专家、同行热情的帮助和支持。他们当中有轨道交通资深乘务培训教员、高铁和地铁企业人力资源中心招聘官、出版社专家，在此感谢大家的帮助。

为方便读者阅读，特别是与我们联合办学的合作校同仁使用，在此对本书的内容做简要介绍。

本书内容与学生就业岗位紧密相连，分为高速铁路相关岗位服务礼仪和城市轨道交通相关岗位服务礼仪。在教学内容上侧重将两者工作环境相区分。虽然两者的礼仪标准是相通的，都体现“敬人”这一核心思想，但我们想让学生能全面掌握不同的服务情境，教学上侧重掌握岗位要求，熟悉就业岗位礼仪，为学生就业后长久的职业生涯打下基础。

最后，预祝我们的学生能从本书受益，倘若能为我们的学生带来片刻美好的感受，助力他们顺利进入心仪用人单位，则是对我们最大的鼓励。

作者
2018 年 5 月 10 日

全国职业教育“十三五”规划教材·城市轨道交通类

轨道交通服务礼仪（修订版）

主　编　王　莹　牛丹丹
主　审　米玉琴

北京交通大学出版社
·北京·

图书在版编目（CIP）数据

轨道交通服务礼仪 / 王莹，牛丹丹主编 . —北京：北京交通大学出版社，2018.9（2021.1 重印）

ISBN 978-7-5121-3669-4

Ⅰ . ① 轨… Ⅱ . ① 王… ② 牛… Ⅲ . ① 城市铁路 – 铁路运输 – 服务人员 – 礼仪 Ⅳ . ① F530.9

中国版本图书馆 CIP 数据核字（2018）第 179568 号

轨道交通服务礼仪

GUIDAO JIAOTONG FUWU LIYI

策划编辑：陈跃琴
责任编辑：陈可亮
出版发行：北京交通大学出版社　　电话：010-51686414　　http://www.bjtup.com.cn
地　　址：北京市海淀区高梁桥斜街 44 号　　邮编：100044
印 刷 者：北京鑫海金澳胶印有限公司
经　　销：全国新华书店
开　　本：185 mm × 260 mm　　印张：8.5　　字数：137 千字
版 印 次：2021 年 1 月第 1 版第 1 次修订　　2021 年 1 月第 2 次印刷
书　　号：ISBN 978-7-5121-3669-4/F · 1811
印　　数：3 001~4 000 册　　定价：36.00 元

本书如有质量问题，请向北京交通大学出版社质监组反映。对您的意见和批评，我们表示欢迎和感谢。
投诉电话：010-51686043，51686008；传真：010-62225406；E-mail：press@bjtu.edu.cn。

本书编委会

主　编：王　莹　牛丹丹

副主编：王轶男　刘　颂

参　编：张　枭　谢　蓉　李凯旋　储　潇

王蕴杰　杨奉凯　兰艳涛　郭海涛

主　审：米玉琴

目 录

CONTENTS

项目一

礼仪概述

任务一　礼仪的传承与发展

【能力目标】

能了解礼仪的起源与发展，能明确礼仪的概念，能掌握在现代生活中礼仪的基本作用。

【知识目标】

礼仪的起源与发展，礼仪的概念，现代礼仪的作用。

【任务提出】

要掌握礼仪的基本内容，就要了解礼仪的起源。礼仪在日常生活中经常用到，但是很多人说不清究竟什么是礼仪，现代生活中需要什么样的礼仪。本任务要求明确掌握以上内容。

学习笔记

【相关知识】

礼仪源于各个民族，是在社会长期发展过程中形成的，是人们在社会交往活动中应遵守的行为规范与准则，是礼节、礼貌、仪表、仪式等的总称。礼仪有着丰富而复杂的内涵。在我国古代，“礼”和“仪”是两个概念和范畴。一般来说，我们现在常常说的礼仪是指现代礼仪，是现代人在社会交往中共同遵守的行为准则和规范。它既可以单指为表示敬意而隆重举行的某种仪式，又可以泛指人们在社会交往中的礼节、礼貌等。在现代社会，各行各业的从业人员都要做一个有礼貌、有教养的人，做一个遵守礼仪规范的人，在现代社会交往中展示自己的魅力！

一、礼仪的起源与发展

在我国古代，“礼仪”所涉及的范围十分广泛，渗透于社会生活的各个方面。从社会到家庭，从宫廷到民间，人们在日常生活中的言谈话语、行为举止、衣食住行、待人接物、人际关系等，无一不遵循“礼仪”的规定。古人视“礼仪”为大事，认为通过“礼仪”的约束和规范作用，可以使社会更加有秩序，进而促进社会的稳定，建立人际间和睦的关系。因而，古人便把它奉为一种道德标准和行为规范，并世代相袭，共同遵守。与此同时，统治者也利用“礼仪”来维护自己的特权和地位，所以“礼仪”又包含了尊卑贵贱的等级观念，并在此基础上形成一套制度。在历朝历代统治者极力推崇和宣扬之下，全社会各个阶层的人们实际是被强制地束缚在礼仪制度之中，无时无处不受到它的制约。不过，这也推动了礼仪制度的社会化，使社会生活与之紧密联系在一起，并成为社会生活中不可或缺的内容，由此逐步形成了中国古代社会尊礼、守礼、重礼、行礼的风气。因此，礼仪也成为中国古代社会的风尚。

《礼记》记载有“经礼三百，曲礼三千”（经礼是指大的礼，曲礼是指小的礼），可见礼的种类繁多、丰富多彩。礼仪究竟何时何故而起？人们做过种种探讨，归纳起来大体有五种礼仪起源说：一是天神创制礼仪；二是礼为天地人的统一体；三是礼产生于人的自然本性；四是礼为人性和环境矛盾的产物；五是礼生于理，起于俗。

学习笔记

（一）礼仪的起源

早在原始社会，礼仪的萌芽就从四个方面表现出来。

（1）对于神的崇拜。原始社会人们开始在祭祀仪式中使用豪华的用具来表达他们对神和祖先的崇拜。这种仪式是礼仪的种子。

（2）有关家庭成员间的行为准则。原始社会家庭成员之间的行为准则已有了明确的要求。礼仪规范已开始规范家庭成员的行为。

（3）人际间的沟通与联系。在日常生活中，人们不自觉地使用拥抱、掌声表达喜悦的心情，正是这种人际间的相互沟通、相互模仿，逐步形成了一种习俗，这也是礼仪的来源之一。

（4）体现阶级差别的需要。随着社会的发展，生产和生活分工越来越详细，便有了等级之分。伴随等级而形成的仪式等内容便是礼仪的来源之一。

（二）礼仪的发展

礼仪的正式形成，应当始于奴隶社会。由于社会生产力的发展，原始社会逐步解体，人类进入了奴隶社会，这时的礼也就被打上了阶级的烙印。为了维护奴隶主的统治，奴隶主将原始的宗教礼仪发展成为符合奴隶社会政治需要的礼制，并专门制定了一整套礼的形式和制度。

礼仪在封建社会进入了一个发展、变革的时期。在这一时期，礼仪的明显特征，就是将人们的行为纳入了封建道德的轨道，形成了以儒家学说为主导的、正统的封建礼教。奴隶社会的尊君观念在这一时期被演绎为“君权神授说”的完整体系，并具体化为“三纲五常”。按照儒家学派的说法，天地万物皆由阴阳合成，“阳”应当总是处于主导地位，而“阴”则总是处于服从地位。君、父、夫是“阳”，臣、子、妻是“阴”，“阴”要永远服从于“阳”，所以必须“君为臣纲”“父为子纲”“夫为妻纲”。“五常”即仁、义、礼、智、信，是五种封建伦理道德的准则。

封建礼仪中的“君权神授”神化了帝王的权力；而“三纲五常”则妨碍了人的个性的自由发展，阻挠了人类的平等交往。礼仪在这一时期成为人们思想自由的精神枷锁。

宋代将封建礼仪推向了一个新的高峰，出现了以程颢、程颐和朱熹

■ 学习笔记 ■

的理学为代表的“程朱理学”。这种理论认为，自然界的天地万物无不体现天理，而人性的本质就是天理的体现。

“家礼”的兴盛是宋代礼仪的又一特点。道德和行为规范是这一时期封建礼教强调的中心，“三从四德”成为这一时期妇女的道德礼仪标准。“三从”即在家从父、出嫁从夫、夫死从子；“四德”是指“妇德”（一切言行要符合忠、孝、节、义）、“妇言”（说话要小心谨慎）、“妇容”（容貌打扮整齐美观）、“妇功”（要把侍奉公婆和丈夫当作最重要的事情来做）。按照当时封建统治者的设想，只要人人在家尽“孝”，为社会尽“忠”，每个妇女对丈夫尽“节”，那么封建社会各阶级就会“和谐相处”，封建统治就会长治久安了。

明、清二朝延续了宋代以来的封建礼仪，并有所发展，家庭礼制更进一步严明，将人的行为限制到“非礼勿视，非礼勿听，非礼勿言，非礼勿动”的范畴，从而使封建礼仪更加完善。

二、礼仪的含义和作用

（一）“礼仪”释义

礼仪是一个复合词，由“礼”和“仪”两部分组成。在我国古代，“礼”和“仪”是两个不同的概念。

1.“礼”的含义

“礼”，在我国古代有多重含义。

（1）礼是最高的自然法则，是自然的总秩序、总规律。

（2）礼是中国文化之总名，与政治、法律、宗教、哲学、文学、艺术等结为整体，是中国文化的根本特征与标志。

（3）礼是“法度之通名”。礼是全面规定国家社会生活各个方面的基本制度，是国之“大经大法”，是“君之大柄”“王之大经”，是“经国家，定社稷，序民人，利后嗣”的重要工具。

2.“仪”的含义

“仪”按《辞源》解释有两层含义。

（1）“仪”指容貌举止，如《诗经·大雅》中有“令仪令色，小心翼翼”。

（2）“仪”指法度、标准。《国语·周》中有“度之於轨仪”，这里的“仪”是指量器中的标准；《淮南子·修务》中有“设仪立度，可以不法则”，这里的“仪”是指治理国家的法度。由此可见，我国古代的“礼仪”一词与现代“礼仪”的含义迥然不同。随着人类文明的发展，特别是受西方现代文明的影响，“礼仪”逐渐演变为表达对他人的尊重与敬爱之意，成为现代社会人际交往中人们应该遵守的行为规范和准则。

国外“礼仪”的英语单词“etiquette”（礼仪）一词源于法语，即“法庭上的通行证”，表示持证者进入法庭必须遵守相应的规矩和准则。后来被英语吸收后，词义有所变化，“礼仪”延伸成“人际交往的通行证”。随着社会生活的发展，“礼仪”一词逐渐专指礼节、礼貌和行为规范。

学习笔记

（二）礼仪的含义

1. 礼仪含义面面观

礼仪的含义从广义上讲，是人们在社会交往活动中形成的行为规范与准则，是礼节、礼貌、仪表、仪式等的总称，涉及社会、道德、习俗、宗教等方面，是个人或社会整体文明道德修养程度的一种外在表现形式。

礼仪是人们在人际交往中，以一定的约定俗成的程序、方式表现的律己、敬人的过程，涉及穿着、交往、沟通、情商等各个方面的内容，而不是随意制定的。

从狭义上讲，礼仪指的是国家、政府机构、人民团体、企业机构在某一种正式活动和一定环境中采取的行为、语言等规范；是在较大或较隆重的正式场合，为表示对接待对象的尊重所举行的合乎社交规范和道德规范的仪式；是社会交往中在礼遇规格、礼宾次序等方面应遵循的礼貌、礼节要求，一般通过集体的规范仪式和程序行为来表示。

从内容上来看，礼仪是由主体、客体、媒体、环境四项基本要素所构成的。

礼仪的主体，指的是礼仪活动的组织和实施者。当礼仪活动规模较小、礼仪规范较为简单时，其主体通常是个人。当礼仪活动规模较大、礼仪活动规范较为复杂时，其主体通常是组织。没有礼仪主体，礼仪活动就不可能进行，礼仪也就无从谈起。

礼仪的客体，是礼仪的对象，它是礼仪活动的指向者和承受者。它可以是人，也可以是物；可以是物质的，也可以是精神的；可以是具体

学习笔记

的，也可以是抽象的；可以是有形的，也可以是无形的。礼仪的客体与礼仪的主体二者之间既对立，又依存，而且在一定条件下相互转化。

礼仪的媒体，指的是礼仪活动所依托的媒介。它实际上是礼仪内容与礼仪形式的统一。任何礼仪都必须具有礼仪媒体，没有媒体的礼仪不可能存在。礼仪的媒体，具体是由人体礼仪媒体、物体礼仪媒体、事体礼仪媒体等构成的。在具体操作礼仪时，这些不同的礼仪媒体往往是交叉、配合使用的。

礼仪的环境，指的是礼仪活动得以进行的、特定的时空条件。大体来说，它可以分为礼仪的自然环境与礼仪的社会环境。礼仪的环境，经常制约着礼仪的实施。

2. 礼仪其他方面的定义

从不同的角度，我们还可以对礼仪做出多种不同的解释。

从个人修养上来讲，礼仪是个人素质的外在表现。也就是说，礼仪体现了一个人的内在修养，即教养。

从道德上来讲，礼仪可以被界定为包括做人、做事方面的行为规范或行为准则。

从交际上来讲，礼仪是人际交往中的一种行为艺术。

从民俗上来讲，礼仪既可以说是在人际交往中必须遵守的律己、敬人的习惯形式，也可以说是在人际交往中约定俗成的表示尊重、友好的习惯做法。

从传播上来讲，礼仪可以说是一种在人际交往中进行相互沟通的技巧。

从审美上来讲，礼仪可以说是一种形式美，它是人的心灵美的外化。

了解上述各种对礼仪的解释，可以进一步地加深对礼仪的理解，并且更为准确地把握礼仪的含义。

礼仪既然是社会交往中表示尊重和友好的行为规范，那么在人们交往的时候就一定会用到礼仪。人们的社会交往行为非常复杂，为了便于认识与学习，我们可以根据不同性质的交往划分出各种礼仪。例如根据行业的不同，可以分为铁路客运礼仪、城市轨道交通客运礼仪、航空礼仪、酒店礼仪、商务礼仪等；从交往的程序和过程来分，可以分为见面礼仪、沟通礼仪、宴请礼仪、送客礼仪等；如果从行为主体来分，又可以分为个人礼仪、家庭礼仪、团体礼仪、国家礼仪等。

不同的社会交往要求不同类型的礼仪行为，不能相互混淆，也不能不顾特点照搬一般的礼仪。例如同样是服务行业，酒店服务与城市轨道交通服务在服务过程中有很大差异，照搬酒店服务人员的培训方法培训城市轨道交通服务人员，实际上忽略了城市轨道交通自身的行业特点。

学习笔记

三、现代礼仪的特征及原则

现代礼仪是指现代人们在社会交往中共同遵守的行为准则和规范。它既可以单指为表示敬意而隆重举行的某种仪式，又可以泛指人们在社会交往中的礼节、礼貌等。

随着社会的发展，礼仪已经由维护封建统治的古代礼仪，逐步演变为规范人们的行为、举止，强调人的尊严，强调人与人之间建设性的互助合作，强调公共领域与私人领域的边界，强调职业伦理对职业行为规范的现代礼仪。

（一）现代礼仪的特征

（1）国际性。随着近代工业的迅速兴起及商品经济的发展，人际交往日趋频繁，人们更需要用“礼节”来调节和增进彼此间的关系，礼仪成了人们社会生活中不可或缺的要素。讲究礼节、注意礼貌、遵守一定的礼仪规范，已成为现代文明社会的一项重要标志。在讲文明、懂礼貌、相互尊重原则的基础上形成了完善的礼节形式。

（2）民族性。礼仪作为约定俗成的行为规范，有明显的民族差异性。无论从礼仪的起源还是礼仪的内涵来看，不同的地域、不同的民族、不同的文化等都会造成礼仪的差异性，也就是礼仪的民族性。礼仪正是由于其民族性，才显示出各民族不同的文化、不同的宗教观念、不同的习俗等。同时，也正是由于礼仪的民族性，才使得礼仪文化丰富多样、精彩纷呈。

（3）继承性。礼仪一旦形成，通常会长期沿袭，经久不衰，这是由礼仪的性质决定的。礼仪不是凭空出现的，它是在不断继承旧的礼仪的基础上推陈出新的。旧礼仪中的精华会作为人类文明的结晶而传承下来。如西方礼仪中的很多礼节、礼貌一直传承到现在，成为现代礼仪不可或缺的部分。

（4）时代性。礼仪不是一成不变的，它是随着时代的发展而发展的。礼仪的内涵决定了它要规范和约束人的社会行为和习俗，这

一特点决定了礼仪具有一定的滞后性。随着时代和社会的发展，人们对礼仪必须进行修正，甚至摧毁。但是，社会的发展需要道德的约束和礼仪的规范，因此礼仪会在传统的基础上不断被更新，以适应时代的要求。

（二）现代礼仪应遵循的原则

学习笔记

在日常生活中，学习、使用礼仪，有必要了解一些具有普遍性、共同性、指导性的礼仪原则。在人际交往、乘客接待与服务工作中，人们应当以现代礼仪为基础，掌握约定俗成的规则，任何胡作非为、我行我素的行为都是违背现代礼仪要求的。现代礼仪是以平等、适度、自律为原则的。

（1）平等原则。现代礼仪是以平等原则为基础的，这是一条非常重要的原则。平等就是以礼待人，礼尚往来，既不盛气凌人，也不卑躬屈膝。

平等原则要求我们在处理人际关系的过程中，尤其在服务接待中，对服务对象，不管是外宾，还是本国同胞，都要满腔热情、一视同仁地对待，应本着“来者都是客”的真诚态度，以优质服务取得宾客的信任，使他们乘兴而来、满意而去。

（2）适度原则。适度原则是指交往中需要把握分寸，即根据具体情境，行使相应的礼仪。例如在与人交往时，既要彬彬有礼，又不能低三下四；既要热情大方，又不能轻浮阿谀；要自尊，但不要自负；要坦诚，但不能粗鲁；要信任，但不要轻信；要活泼，但不能轻浮。

这是因为凡事过犹不及，运用礼仪时，假如做得过了头，或者做得不到位，都不能正确地表达自己一方的律己、敬人之意。当然，运用礼仪要真正做到恰到好处、恰如其分，只有勤学多练，积极实践，才能有良好的效果。

（3）自律原则。礼仪作为行为的规范、处事的准则，反映了人们共同的利益要求。每个人都有责任、义务去维护它、遵守它。各种类型的人际交往，都应当自觉遵守现代社会早已达成共识的道德规范（社会公德、遵时守信、谦虚友善等）。在人际交往中，交往双方都希望得到对方的尊重。因此，我们应该首先检查自己的行为是否符合礼仪的规范要求，主动做到严于律己、宽以待人。只有这样，才能在人际交往中塑造自身良好的形象，得到别人的尊重。

（三）现代礼仪的分类

根据适用对象、适用范围的不同，现代礼仪大致上可以分为行政礼仪、商务礼仪、服务礼仪、社交礼仪、涉外礼仪等几大分支。

（1）行政礼仪，亦称国家公务员礼仪，是指国家公务员在执行公务时所应遵守的礼仪。

（2）商务礼仪，是指公司、企业的从业人员及其他一切从事经济活动的人士，在经济往来中所应遵守的礼仪。

（3）服务礼仪，是指各类服务行业的从业人员，在自己的工作岗位上所应遵守的礼仪。

（4）社交礼仪，是指社会各界人士，在一般性的交际应酬之中所应遵守的礼仪。

（5）涉外礼仪，亦称国际礼仪，是指人们在国际交往中，在同外国人打交道时所应遵守的礼仪。

学习笔记

任务二 东西方礼仪的差异

【能力目标】

能了解东西方礼仪的差异，并根据这些差异规范自己在工作和生活中的行为。

【知识目标】

东西方礼仪的差异。

【任务提出】

随着我国改革开放进程的加快，越来越多的外国人进入我国旅行、出差及工作，了解东西方礼仪的差异，有利于城市轨道交通服务人员更好地为外国乘客服务。

■ 学习笔记 ■

【相关知识】

由于各国的历史与文化不同，不同国家的人们在进行礼仪交往时的习惯也有不少差异。概括来说，以中国传统礼仪为代表的东方礼仪具有重视血缘和亲情，强调共性、谦虚谨慎、含蓄内向、礼尚往来等特点；而西方礼仪则强调个性、崇尚自由，同时尊重妇女，女士优先，简单务实，讲究平等、自由、开放。在国际交流日益增多的今天，中外人士都应遵守以“信守时约、相互谅解、求同存异、入乡随俗”为特点的国际礼仪通则。

东方礼仪主要是指以中国、日本、韩国、泰国、新加坡等亚洲国家为代表的具有东方民族特点的礼仪文化，其中最具代表性的是中国古代礼仪，中国古代礼仪以其富含人情味的传统向世人展示了中国悠久的历史文化和无穷的魅力。日本、韩国、新加坡等国家的礼仪深受中国古代礼仪的影响。本书所介绍的东方礼仪主要是指中国礼仪。

一、东方礼仪的特点

礼仪一直是传统文化的核心。中国是礼仪之邦，上下五千年，从西周视“礼”为“国之大柄”到现代的“八荣八耻”；从荀子的“国无礼而不宁”到今天的精神文明建设。以中国为代表的东方礼仪主要有以下特点。

（一）重视亲情和血缘

恩格斯在《家庭私有制和国家的起源》一书中谈到国家和氏族制度的区别时指出：“氏族制度的基础是血缘关系，而国家则按地区来划分她的国民。”恩格斯的论断，我们可以从国家一词的含义上得到认证。英文中国家“country”或是“state”这两个词语含有国家、土地、区域的含义，但没有家庭、家族、血缘的含义。但汉语里“国家”一词，则是“国”和“家”结合而成，可以看出中国人历来是把“国”作为放大了的“家”去理解的。东方特有的血缘社会造就了东方特有的礼仪文化，并进一步以礼来规范个人和社会的行为，让礼仪在生活的各个方面发挥作用。

中国古代社会本质上是以血缘关系为基础，以亲情为纽带而形成的一个注重人伦、崇尚道义的社会。在这个社会中，等级森严，秩序井然。中国人的家庭观念相当浓厚，这点远甚西方。家庭的和睦可以促成社会的团结和稳定，同时也形成了“老吾老以及人之老，幼吾幼以及人之幼”的人文关怀，成为中华民族的传统美德。在中国传统的伦理观念中，要求父母善待子女、子女孝顺父母；此外，夫妻之间如果能做到“相敬如宾”“举案齐眉”，也是一种美德。正是这样的伦理道德观念，促进了传统中国家庭的和谐与美满，使得整个中国社会稳定而有序。

（二）谦虚、含蓄

中国人以谦虚为美德，常以“水平不高，能力有限”“做得不好，请多批评”为自谦语，而这些自谦语往往被西方人看成缺少自信。以农耕为主要生产方式，长时期与异质文化处于隔离状态，铸成了中国人的内向型含蓄性格，决定了中华民族对传统的重视和对礼仪规范、宗法道德的崇尚，并由此形成了所谓崇尚群体伦理、抑制个性自由的价值取向。

（三）注重尊卑

中国古代的历史，主要是在氏族部落基础上发展起来的宗法国家的历史。西周的分封制，进一步发展和巩固了血缘宗法关系，确立了世袭王权的地位。

血缘宗法组织关系在漫长的封建历史时期中保留下来，整个社会的基本组织模式也以家族为主，在这种秩序中又形成稳固的等级观念，按辈分、亲疏来论大小，排座次。从每个人出生那天开始，就已经在社会上确定了自己的位置和辈分、座次。中国古代没有西方文化中人人生来平等的观念。

因此，中国人最突出的礼仪，就是尊老爱幼。在地铁上，如遇有老人或年幼小孩，中国人大多会自然起立让座，地铁车厢内也设有老弱病残孕专座。

二、西方礼仪的特点

以欧洲和北美为主的国家的礼仪被称为西方礼仪。西方礼仪是目

学习笔记

■ 学习笔记 ■

前国际交往的主流礼仪，现代礼仪的许多规范均参考、借鉴西方礼仪。近年来，随着国际交往的频率与范围不断扩大，城市轨道交通服务对象中出现了越来越多的西方客人。了解西方礼仪的特点，既可以进行针对性的服务，也可以提升企业形象，展示我国礼仪之邦的风范。

西方礼仪强调简易务实，在社交活动中，既要讲究礼貌，表示对对方的尊敬，又要简洁便利，实事求是，不讲究繁文缛节和造作。由于地域环境、文化传统的差异和社会发展的不平衡，西方各国的礼仪文化也会带有一些不同的特点。西欧君主制国家保留了较浓厚的贵族传统，昔日宫廷礼节对社会生活仍有影响，例如英国，因此君主制国家比共和制国家更讲究礼节形式。美国人往往以不拘礼节著称，双方见面时直呼对方名字，也不一定要握手致意，谈判、会议等正式交往中，没有敬语、敬茶等应酬，通常是打过招呼后马上进入正题。美国人的穿着举止不像欧洲国家那样讲究"绅士"气派，并且常常以简单的饭菜招待客人。

日本作为具有东方文化传统的"西方国家"，则十分重视等级与礼节。日本的团体、机构之间及先辈、后辈之间都有明确的等级秩序。在一个公司内部，工作年限的长短是判断人的地位、待遇的重要标准。日本人彼此见面时行鞠躬礼，在任何场合都讲究彬彬有礼。

在西方礼仪文化中，尊重女性，把女性作为受尊敬的对象。在交际活动中，总是给女性以种种的关爱，让女性先就座、先走。目前女士优先原则已经成为国际共识。

【考核评价】

一、自我评价

1. 自我考核

分述礼仪的含义、作用、现代礼仪的分类。

2. 自我评价

自我评价详见下表，共计 40 分。

自我评价

序号	评价内容	得分	亮点
1	课前知识查阅，调研作业完成情况		
2	课前、课中与人沟通协作表现		
3	礼仪的含义、作用、现代礼仪的分类掌握情况		
4	课前、课中学习态度表现		

二、小组（同学）评价

小组（同学）评价详见下表，共计 30 分。

小组（同学）评价

序号	评价内容	得分	亮点
1	课中学习态度表现		
2	课中与人沟通协作表现		
3	礼仪的含义、作用、现代礼仪的分类掌握情况		

三、教师评价

教师评价详见下表，共计 30 分。

教师评价

序号	评价内容	得分	亮点
1	课前知识查阅，调研作业完成情况		
2	课中参与、协作情况		
3	掌握礼仪的含义、作用、现代礼仪的分类等知识效果		

教师建议：____________________

■ 学习笔记 ■

项目二

轨道交通服务礼仪概述

任务一　轨道交通服务礼仪的基本概念和作用

【能力目标】

能了解服务礼仪的概念和内涵，能准确说明轨道交通服务礼仪的意义和作用。

【知识目标】

服务礼仪的概念和内涵，轨道交通服务礼仪的意义和作用。

【任务提出】

轨道交通服务礼仪兼具服务行业礼仪的一般要求和交通运输行业的特殊礼仪要求，因此本任务要求掌握轨道交通服务礼仪的基本内容。

■ 学习笔记 ■

一、服务礼仪的概念和内涵

（一）服务礼仪的概念

礼仪的“礼”表示尊重，即在人际交往中既要尊重自己，也要尊重别人，是一种待人接物的基本要求。礼仪的“仪”字表示仪式，即尊重自己、尊重别人的表现形式。礼仪就是律己、敬人的一种行为规范，是表现对他人尊重和理解的过程和方式。礼仪是为人们所认同，又为人们所遵守，以建立和谐关系为目的的各种符合交往要求的行为准则和规范的总和。

服务礼仪属于礼仪的一种，是指在各种服务工作中形成的，得到共同认可的礼节和仪式，是服务人员在服务过程中恰当表示对服务对象的尊重和与服务对象进行良好沟通的技巧和方法。

（二）服务礼仪的内涵

服务礼仪的内涵主要体现为以下三点。

（1）服务礼仪是服务工作的规范或准则。

服务礼仪表现为一定的章法，即在投入某项工作之前，应先对该工作领域的习俗和行为规范有所了解，并按照这样的习俗和行为规范去开展工作。

（2）服务礼仪是一定社会环境下的约定俗成。

在社会实践中，礼仪往往首先表现为一些不成文的规矩、习惯，然后才逐渐上升为公众认可的，可以用语言、文字、动作来做准确描述和规定的行为准则，并成为人们有章可循、可以自觉学习和遵守的行为规范。

（3）服务礼仪是一种和谐的人际关系。

讲究礼仪的目的是实现社会交往各方的互相尊重，从而达到人与人之间关系的和谐。在现代社会，礼仪可以有效地展现施礼者和受礼者的教养、风度与魅力，它体现着一个人对他人和社会的认知水平、尊重程度，是一个人的学识、修养和价值的外在表现。一个人只有在尊重他人的前提下，自己才会被他人尊重。人与人之间的和谐关系，也只有在这种互相尊重的过程中，才会逐步建立起来。

■ 学习笔记 ■

二、轨道交通服务礼仪的概念和发展阶段

轨道交通服务礼仪是轨道交通从业人员与乘客交往过程中所应具有的相互尊重、亲善、友好的行为规范和艺术，是“以客为尊、以人为本”理念的具体体现，也是交通运输行业优质服务的重要组成部分。对轨道交通企业员工来讲，规范、正确的服务礼仪能够展示员工的外在美和内在修养，能够使轨道交通企业员工拉近与乘客的距离，赢得乘客的满意和信任，提升企业形象，实现服务品牌的增值。

一般来说，可以把轨道交通服务礼仪的发展分为两个阶段。第一阶段是以管理为目标的轨道交通服务礼仪，对客运服务质量和服务礼仪方面的要求力度不够，该现象在 20 世纪尤为明显，对乘客冷言冷语，甚至辱骂乘客的现象都时有发生。第二阶段是以服务为目标的轨道交通服务礼仪，随着经济快速的发展和交通运输系统建设投资的扩大，我国轨道交通出现井喷式增长，轨道交通的服务代表着整个城市的形象，这就使轨道交通企业对服务质量、服务礼仪高度重视，把其上升到塑造企业外部形象和塑造城市乃至国家形象的高度。近些年，我国的轨道交通企业开始下大力气提高内部管理控制水平，提升服务质量以获取乘客的高满意度。

对于广大客运服务人员来讲，提升自己的服务水平和质量，首先要加强爱岗敬业和职业道德教育，树立正确的人生观和价值观，形成讲奉献、比进取的良好氛围；其次要注重提高自己的服务意识，关注服务细节，掌握整个服务过程中乘客的需求；最后要从服务形象、服务礼仪、服务姿态、服务用语等基础的技能培训着手，服务意识是前提，服务技能是基础，不断改进服务工作，提升服务水平，树立良好的窗口形象。

三、轨道交通服务礼仪的意义和作用

轨道交通服务礼仪是运营人员在其岗位上通过言谈、举止等对乘客表示尊重和友好的行为规范。它是轨道交通优质服务的重要组成部分，重视轨道交通服务礼仪不仅有利于员工提高个人的内在修养，而且能够提升轨道交通运营企业的形象。

（一）提高自身修养，改善人际关系

在人际交往中，礼仪往往是衡量一个人文明程度的标准之一。它不

仅反映一个人的交际技巧与应变能力，而且反映其气质风度、阅历见识、道德情操、精神风貌。运用礼仪，有益于人们更规范地设计个人形象，维护个人形象，也有益于人们更充分地展示个人的良好教养与优雅风度。礼仪还可以使个人在交际活动中充满自信，胸有成竹，更好地向交往对象表达自己的尊重、敬佩、友好与善意，增进彼此之间的了解与信任。

学习笔记

（二）提升企业形象，提高乘客满意度

良好的服务礼仪能够提高乘客满意度，减少投诉的发生。轨道交通服务人员每天要面对成千上万不同年龄、不同性别、不同性格和不同文化的乘客，每天都要与陌生人沟通。面对同样的问题，有些服务人员无法平息乘客的怒气，有些服务人员却能三言两语就把问题处理得很妥当，这就是服务礼仪的魅力。

四、轨道交通服务礼仪的基本原则

（一）尊重

“礼者，敬人也”，这是对礼仪核心思想的高度概括。所谓尊重原则，就是要在服务过程中，将对乘客的重视、恭敬、友好放在第一位，这是礼仪的重点与核心。因此在服务过程中，首要的原则就是敬人之心长存，掌握了这一点，就等于掌握了礼仪的灵魂。在人际交往中，只要不失敬人之意，哪怕具体做法一时失当，也容易获得服务对象的谅解。

（二）真诚

服务礼仪所讲的真诚原则，就是要求在服务过程中，必须待人以诚，只有如此，才能表达对客人的尊敬与友好，才会更好地被对方所理解、所接受。与此相反，倘若仅把礼仪作为一种道具和伪装，在具体的服务工作中口是心非、言行不一，则有悖礼仪的基本宗旨。

（三）宽容

宽容原则就是要求在服务过程中，既要严于律己，又要宽以待人。要多体谅他人，多理解他人，学会与服务对象进行心理换位，不求全责

学习笔记

备、咄咄逼人。

（四）适度

适度原则就是要求应用礼仪时，为了保证取得成效，必须注意技巧，合乎规范，特别要注意做到把握分寸、认真得体。凡事做过了头，或者做不到位，都不能正确地表达自己的律己、敬人之意。

（五）乘客至上

轨道交通运营企业是从事旅客运输的服务行业，其生产效能是满足人们的出行需要，具有鲜明的社会服务特点。摆正自己与服务对象的关系位置，确立“服务为本，乘客至上”的道德意识，讲求服务信誉，千方百计维护乘客利益，全心全意为乘客服务，是轨道交通服务人员职业道德的核心。

任务二　轨道交通服务人员的礼仪素养要求

【能力目标】

具备轨道交通服务人员的礼仪素养。

【知识目标】

了解轨道交通服务人员基本礼仪素养、核心礼仪素养的内容。

【任务提出】

轨道交通服务人员的基本礼仪素养是岗前训练的重要内容，具有鲜明的服务行业特点，本任务要求对礼仪素养做到心中有数。

■ 学习笔记 ■

一、基本礼仪素养要求

（一）亲和力——微笑

微笑是打开人与人之间心扉的钥匙。对轨道交通服务人员来说，微笑不仅是自身文化素质和礼貌修养的体现，更是对乘客的尊重与热情的体现。

（1）亲和的微笑可以拉近服务人员与乘客之间的距离。

客运服务人员时刻保持微笑是从情感上拉近与乘客之间距离的有效方法。在乘客遇到问题或需要帮助时，就会很自然、很及时地向服务人员提出，不会因尴尬、生疏而不好意思说出口。这有助于服务工作的开展，避免一些小问题或困难不能被发现和解决，从而提高服务质量。

（2）亲和的微笑可以提高服务质量，改善服务态度。

乘客的情绪往往受服务人员态度的影响，在服务交往中，真诚的笑容、温和的语调和礼貌的语气，不仅让乘客产生好感，对乘客焦虑急躁的情绪还有稳定的作用，使乘客在整个服务交往过程中感到轻松和愉快。

（3）微笑能带来良好的首因效应。

首因效应又称第一印象，指的是在第一次交往过程中形成的最初印象，先入为主是它最大的特点。它不仅能对乘客的心理活动产生影响，而且对服务交往也有很大的影响。一旦乘客对服务人员产生不良的第一印象，想要改变它是十分艰难的，往往要付出比先前多几倍的努力。所以服务人员在与乘客初次交往时，面带亲和的微笑具有重要的作用，它能快速地使服务人员与乘客之间的关系变得融洽，有着事半功倍的效果。

（二）仪容仪表要整洁

服务人员的仪容仪表是乘客对轨道交通服务印象的重要来源，良好的仪容仪表，会给人留下美好的印象，也对轨道交通企业有着宣传作用，同时还能弥补某些服务的不足。反之，不好的仪容仪表往往会令人生厌，即使有热情的服务和一流的设施也不一定会给乘客留下好印象。

客运服务人员的仪容仪表一定要整洁、大方。良好的仪容仪表可以拉近服务人员与乘客之间的距离，带给乘客清新、健康的感觉。图 2-1 所示为整洁的仪容仪表。

■ 学习笔记 ■

图2-1　整洁的仪容仪表

（三）问候要舒心

问候是人与人见面时的开场白。问候得当可以迅速表现出自己的诚意与热情，可以在最初的接触中给乘客留下良好的印象。客运服务人员见到乘客时，应主动打招呼，并进行亲和的问候。一般来说，先打招呼的人会在后面的谈话、交流和服务中掌握主动权。

（四）语言要得体

语言是服务的首要条件，它对做好服务工作有着十分重要的作用。得体的语言会让乘客倍感亲切，反之则截然不同。轨道交通服务人员应在服务中做到和蔼亲切、语言得体、文雅。

轨道交通服务人员要善于察言观色，语言交流要针对实际情况，并从言谈举止中迅速把握乘客的心情，要明白乘客的弦外之音，了解乘客的需求和愿望，尽量站在乘客的立场上说话办事，从而满足乘客的心理和需要。除此之外，服务人员需要用委婉的语气表达否定的意思，拒绝乘客时，最好不要用否定句，否定句具有强烈的负作用，会给乘客留下不愉快的印象。

（五）服务要主动热情

主动热情是指轨道交通服务人员即使在乘客暂时不需要服务时，也要察言观色，以便及时为乘客提供服务。优秀的客运服务人员往往能够在乘客尚未发出“请提供服务”信息之前就能通过察言观色，主动提供服务。除此以外，轨道交通服务人员要保持持久的热情。无论乘客如何挑剔，或是自己受到了多大的委屈，都始终面带微笑，保持积极、热情的态度面对每一位乘客，这种热情要建立在热爱本职工作的基础之上。

学习笔记

在日本的一家服务企业中，用十分独特的面试方法来面试服务人员。该企业在面试时会突然中断，然后安排另一个人向这名应试者询问某个问题，比如询问洗手间在什么位置，得到的回答通常有三种：第一种是直接回答“我不知道”或面带不耐烦表情；第二种回答是“不知道”，并说明自己的身份，也没有提供帮助；第三种回答是 “对不起，我是来面试的，不过我可以去帮您问一下，然后再告诉您” 。对于前两种回答的应试者，公司是不会录用的，而对于第三种回答的应试者，公司会将其安排到重要的工作岗位上。因此，能否积极主动地为他人提供服务是对一名服务人员的基本要求之一。

（六）善于控制情绪

在服务过程中，乘客对服务不认可时，经常会在不同的场合以不同的方式对服务人员提出批评。当乘客在公共场合对服务人员疾言厉声时，会使服务人员难以接受，甚至难堪。遇到这种情况，服务人员首先要保持冷静，不能急着与其进行争辩，更不可与之针锋相对，使矛盾激化，难以收拾。如果乘客无理取闹，可以交相关部门或相关人员解决。

当乘客有不礼貌行为举止时，更要做到有礼、有理、有节地解决问题。有礼，指临辱不怒。面对乘客的不礼貌时，客运服务人员不应生气发火，而应沉着冷静，面带真诚微笑，以妙语对粗言，以豁达对愚昧，以文雅对无礼，使个别乘客对自己的行为过意不去，只有这样，才不至于使自己陷入被动的境地，才能够维护企业的窗口形象。有理，指动之以情，晓之以理。虽然有些乘客态度生硬，但是一旦发现自己理亏，得不到大多数人的支持与认可，还是会有所收敛。有节，指不能因为乘客有过错而心存芥蒂。要记住，和乘客发生的矛盾，最终受到损失的是轨道交通企业和乘客双方。同时，对乘客的宽容也会得到回报。

作为优秀的轨道交通服务人员，应善于控制自己的情绪，约束自己的情感，克制自己的行为，无论与哪一类型的乘客接触，无论遇到什么问题，都能够做到镇定自若，不失礼于人。

■ 学习笔记 ■

二、核心礼仪素养要求

（一）服务理念

乘客至上，服务至微。

（二）服务意识

要摆正服务人员与乘客之间的关系，即服务与被服务。

（三）窗口意识

轨道交通作为城市乃至一个国家的文明窗口，以站务员、乘务员为代表的轨道交通服务人员是这个窗口的重要代表。轨道交通服务人员要以“窗口无小事”的意识规范自己的岗位行为，展示行业文明风范。

（四）乘客意识

一切从维护乘客的利益出发，时刻尊重乘客，认识到乘客就是企业的“衣食父母”。以乘客需求为出发点，最大限度地为乘客提供优质、满意的服务，是轨道交通服务工作的宗旨。

【考核评价】

一、自我评价

1. 自我考核

分述轨道交通服务礼仪的作用、意义，轨道交通服务人员的基本礼仪素养要求。

2. 自我评价

自我评价详见下表，共计 40 分。

自我评价

序号	评价内容	得分	亮点
1	课前知识查阅，调研作业完成情况		
2	课前、课中与人沟通协作表现		
3	轨道交通服务礼仪的作用、意义，轨道交通服务人员的基本礼仪素养要求掌握情况		
4	课前、课中学习态度表现		

■ 学习笔记 ■

二、小组（同学）评价

小组（同学）评价详见下表，共计 30 分。

小组（同学）评价

序号	评价内容	得分	亮点
1	课中学习态度表现		
2	课中与人沟通协作表现		
3	轨道交通服务礼仪的作用、意义，轨道交通服务人员的基本礼仪素养要求掌握情况		

三、教师评价

教师评价详见下表，共计 30 分。

教师评价

序号	评价内容	得分	亮点
1	课前知识查阅，调研作业完成情况		
2	课中参与、协作情况		
3	掌握轨道交通服务礼仪的作用、意义，轨道交通服务人员的基本礼仪素养要求等知识效果		

教师建议：

项目三

高速铁路客运乘务服务礼仪

任务一　高速铁路客运服务概述

【能力目标】

能了解高铁客运服务工作的内容。

能掌握客运员工的服务情感和意志品质，基本掌握客运员工心理健康知识。

【知识目标】

车站客运服务工作主要内容，高铁客运服务人员服务心理；车站各岗位作业流程及服务礼仪规范，特殊旅客、重点旅客服务礼仪规范。

【任务提出】

铁路客运服务贯穿旅客乘坐铁路客车旅行的全过程，是铁路客运部门工作人员为旅客提供旅行服务的过程。为了做好客运服务工作，客运服务人员应了解服务工作的主要内容、铁路旅客心理、铁路客运服务人员心理，具有铁路旅客满意度调查、服务质量问题分类、划分责任与处理的能力。

学习笔记

一、高速铁路客运服务工作主要内容

（一）车站服务工作

车站服务工作包括问询处服务工作、候车室服务工作、广播宣传工作、小件寄存服务、旅客文化生活服务、旅客乘降工作等。

1. 问询处服务工作

问询处应设在旅客比较集中的站前广场、广厅、售票厅、候车室等地，车站应通过问询处正确、迅速、主动、热情、耐心地解答旅客旅行中提出的各种问题，使旅客在购票、托运和提取行李、上车及中转换乘等方面得到便利。问询处应根据客流动态及车站具体情况进行宣传和组织工作，尽可能使旅客在旅行中不发生错误。解答旅客问询的方法可分为口头解答（包括电话问询、广播通知、电视问询）和文字解答（包括文字张贴、指示牌提示）。口头解答问询时要做到“有问必答，答必正确，百问不烦”，让旅客满意。文字张贴内容应通俗易懂，版面要鲜明、美观，夜间应有充足照明。电子指示牌提示的内容应连续、滚动显示，为旅客提供方便。

2. 候车室服务工作

候车室是旅客休息和等候乘车的场所，候车室内应设有一定数量的座椅，并有足够的通路，保证室内整洁、空气流通，为旅客创造一个良好的候车环境。候车室工作人员应主动迎送旅客，安排旅客座席，坚持“人坐两行，包摆一趟”的方法，既保证旅客的安全，又保证便于旅客休息。及时通告有关列车到发和检票进站时间，加强安全卫生及旅行常识的宣传工作。搞好清洁卫生，随脏随扫，冬季搞好采暖，夏季搞好通风，要主动、热情、诚恳、周到地为旅客提供优质服务，满足旅客饮水、吃饭、洗脸和文娱活动等要求。

■ 学习笔记 ■

3. 广播宣传工作

客运站的广播对客运工作人员起着指挥的作用，对旅客起着导向作用。通过广播可将车站的接发车准备、检票、清扫及整顿秩序等工作及时传达给工作人员，以便统一通知候车室、广场和站台上的旅客，及时组织旅客进出站和上下车。对广播工作的具体要求如下：

（1）认真执行党的方针政策，充分发挥广播对旅客的服务、宣传、组织作用。

（2）广播员应按照列车到发顺序和旅客候车规律编制广播计划，做好安全、服务、卫生和旅行常识的宣传，按时转播中央人民广播电台新闻，适当播放文艺节目。

（3）勤与运转室联系，准确掌握列车运行情况，遇列车晚点及作业变化及时广播通告。

（4）广播时要预先确认，认真监听，严防误转误播。还应事先熟悉材料，做到发音准确、音量适宜、语言通俗易懂，并要积极收集资料，丰富广播内容。

4. 小件寄存服务

寄存处是为旅客临时保管随身携带品的场所。做好寄存工作能给上车前、下车后的旅客创造便利条件，服务人员应安全、正确、迅速地为旅客办理寄存。传统寄存方法是设置木格物架，并按寄存物品进行分区、分堆、分线保管。先进的寄存方法是采用双控编码锁寄存柜，旅客可自己选定号码开柜、寄存，既安全，又方便，为车站服务人员的管理工作创造了良好条件。

5. 旅客文化生活服务

旅客文化生活服务设施在大站上设有以下内容。

（1）书报阅览室。书报阅览室设置在候车室或广厅内。室内布置应整洁、光亮，备有足够数量的桌椅、书报、杂志并按期调换，旅客可借用报刊和文娱用品。

（2）电视厅、电影院。在较大的客运站上设有电视厅、电影院，放映时间应根据车次、客流情况而定。

（3）就餐区、茶室。为满足旅客在饮食方面的需要设立就餐区，有条件许可的可增设茶室。在候车室内，应保持足够的供旅客饮用的开水。

（4）售货部。站台上应设售货部及流动售货车，候车室内应设有小卖部。在大型客运站还可开设商场，供应旅客在旅行生活中所需的商品，从而使车站转变为多功能的服务场所，进行一条龙服务。

学习笔记

6. 旅客乘降工作

乘降工作组织的目的是迅速集散与疏导旅客，维持车站的秩序，对进站人员持有的车票和站台票要进行检验和加剪。检票前清理站台，安排上要先重点（老、幼、病、残、孕、带婴儿的旅客），后团体，再一般。进站检票时执行“一看（看日期、车次）、二唱（唱到站）、三剪”制。站台客运员应坚守检票票口、天桥口、地道口及进站通路交叉地点，按距离最短、交叉最少的进出站流线组织旅客进出站、上下车。随时做到扶老携幼，督促购货旅客及时上车，保证出站人员的车票、站台票、团体旅客证应收回，但中途下车和换乘旅客的车票不收回。收票时应执行“一看（看日期、到站）、二问（问是否报销）、三收（报销撕角，不报销收回）”制，注意不要误撕车票。对收回的车票要妥善保管，定期销毁。维持站台正常秩序。应在进出站流线上多设置路标、指示牌等以指明道路。在进出站检票口应做好检票工作、客流统计工作，以及查堵无票旅客与危险品、爆炸品、易爆品的工作。加强站台巡视，确保旅客安全。

服务人员还应组织中转换乘的旅客在适当地点候车、换乘，保证乘降工作安全、迅速、不乱、不错。

（二）列车服务工作

列车服务工作包括车厢服务工作、列车广播工作和餐车供应工作。

1. 车厢服务工作

始发站剪票前，乘务员应做好各种准备工作，严守车门，扶老携幼，迎接旅客，看票上车。车上乘务员要为上车旅客安排座席及随身携带品的放置地方。开车后，乘务员按作业过程进行工作，服务态度应主动热情，语言文明、表达得体准确，举动稳重、大方，处理问题机动灵活、实事求是。到站前及时准确通报站名，组织旅客安全上下车。

2. 列车广播工作

列车广播工作的主要任务是介绍铁路安全、旅行常识及沿线的名胜古迹；正确及时地做好站名及中转换乘通告；按时转播中央人民广播电

台的新闻和报纸摘要节目以及宣传党的路线方针、政策；为活跃旅客的旅行生活，可适当播放一些文娱节目和录像；为保证旅客身体健康，应做好列车卫生宣传工作。

列车广播员应根据旅客心理及客流特点对乘务中各区段、各区间的播音内容做出详细安排，经列车长审查批准，按计划执行。

■ 学习笔记 ■

3. 餐车供应工作

车站要做好旅客列车的给水工作，确保列车车辆的供水，满足旅客用水的需要。列车应保证有足够的开水或安全饮用水供旅客饮用。

饮食供应工作的基本任务是保证广大旅客在旅行中的饮食需要，保证饮食卫生，不断提高服务质量，为旅客旅行及国际友人友好往来服务。工作中要认真执行“全面服务、重点照顾”原则，尊重少数民族和外籍旅客的饮食习惯及禁忌避讳。餐车要认真贯彻执行《食品卫生法》，加强食品采购、保管、加工、销售等环节的管理，严防食物中毒。

餐车供应工作根据列车运行时间，实行一日三餐的供应方法，以具有特色的快餐为主，适当供应炒菜，有条件可供应冷饮、夜宵及其他商品。面向市场，采取灵活经营方式，参与市场竞争，只有这样，才能满足旅客不同消费水平的需要，实现良好的社会效益和经济效益。

二、高速铁路客运服务人员心理认知

（一）旅客心理

1. 旅客旅行的心理活动

人的心理决定着人的行为。人的心理是人参与各项活动的内在动力。不同的旅客有着不同的心理。旅客选择高速铁路出行的心理与在其他场合的心理是不一样的，有其特殊性。个人从购买车票、进站上车到到达目的地下车、验票出站，其心理活动和行为往往会与平时的表现不同，安全、顺利、快捷、方便、经济、安静等的心理要求会比较突出。进站要方便、舒适；乘车时空间较大，车内空气清新，温度适宜；乘车中能消遣娱乐，听听新闻，看看文艺节目；希望车上能够提前通报到站站名，避免坐过站、下错站；出站时导引清楚，方便快捷。这些心理的满足是与其他场合不一样的，高速铁路客运服务人员必须了解这种特殊性，才能有针对性地做好服务工作，让旅客满意。

■ 学习笔记 ■

按照人类心理活动的规律性和层次性，可以把旅客旅行心理分为两大类：生理需求心理、精神需求心理。生理需求，也称为物质需求，包括吃、住、用等方面，其要求安全舒适、方便、卫生。人们出门在外，首先顾虑的就是身体的安全和健康，只有在安全的前提下，才能顺利进行旅行活动并到达目的地。人们离开家门时，亲人、朋友都会预祝其“一路顺风”，意思就是平平安安到达目的地。这充分表明了人们把安全需求放在头等重要的地位。如果安全的需求得不到满足，这将是无法忍受的，会导致不良情绪的产生，使旅客烦闷、焦躁不安。精神需求，是除了生理需求之外的其他需求，精神需求要求得到别人的关心、尊重、理解。高速铁路客运服务人员的关心、理解、尊重对旅客的旅行至关重要。旅客在车站及列车上难免产生寂寞感和孤独感，需要同别人接触交谈，需要相处和谐、愉快，希望欣赏歌曲、文娱节目。特别是老年旅客、行动不方便的旅客、带小孩的旅客，更需要高速铁路客运服务人员给予特别的关心和照顾。

2. 旅客的心理活动分类

（1）按自然构成分类。

旅客的自然构成是指旅客性别、年龄的自然状况，如旅客按性别分男旅客、女旅客；按年龄分老年旅客、中年旅客、青年旅客、少年旅客、儿童旅客等。不同性别、不同年龄的旅客，其旅行目的、旅行需求、心理活动的表现方式等都是有区别的，应针对不同的对象，采取不同的服务方式。

（2）按社会构成分类。

旅客的社会构成是指旅客在职业、种族、国籍等不同的社会因素上的差异。不同的文化素养、从事不同的职业、不同的经历和经济收入，其心理需求便不一样，心理活动的表现形式也是不一样的。高速铁路客运服务人员应按旅客的社会构成来差异性地满足旅客的不同心理需求。

3. 旅客职业心理分析与服务

在社会生活中，由于职业的不同、经济收入的不同，旅客形成不同的心理活动和需求是很正常的，因此，应根据不同职业旅客的心理活动，提供有针对性的服务。下面对工人、农民、公务员三种职业旅客的心理进行分析。

（1）工人旅客组织性、纪律性较强，经济收入不高，能体谅高速

■ 学习笔记 ■

铁路客运服务人员工作的辛苦，能较自觉地遵守规章，协助和支持客运服务工作。

（2）农民旅客出门打工谋生，他们往往是成群结队出行，携带的物品比较多，由于人数众多，又爱集中出行，容易形成客流高峰。特别是第一次出门时，缺乏乘坐高速列车的常识，不会使用自动售、检票机，听不懂广播的内容，高速铁路客运服务人员对他们的询问要耐心给予解答。

（3）公务员旅客有一定的文化修养，知识面广，希望有一个整洁卫生、安静舒适的环境。他们关心服务工作，很注意高速铁路客运服务人员的服务态度、服务作风、服务水平，常常提些意见和建议。因此为他们服务时尤其要注意做到文明礼貌、热情周到。

4. 旅客共性心理

旅客共性心理主要表现在要求人和物品快捷、安全到达目的地，环境舒适，人格受到尊重等方面。

（1）要求方便快捷的心理。

旅客选择高速铁路出行，主要是考虑到高速铁路方便快捷。高速铁路客运服务人员应竭尽全力满足旅客要求方便快捷的心理。例如，高效稳妥地组织旅客上、下车及乘坐电梯；列车到达前，通告到站站名，等等。这些服务可以使旅客感到方便，心情舒畅。

（2）要求安全的心理。

所谓“一路平安”就是不发生任何旅客人身安全和财物安全的意外事故，这是大家的共同愿望。安全是旅客最核心的要求，高速铁路运输企业必须保证旅客乘车时不发生行车、火灾、爆炸等事故，这就要求高速铁路客运服务人员将安全管理工作放在第一位，全力保证旅客的安全。

（3）要求环境舒适的心理。

随着人们生活水平的提高，旅客出门旅行的要求越来越高，对列车卫生环境的要求也越来越高。如果车厢里是一个脏、乱、差、异味弥漫的环境，旅客自然心中不快；如果车厢里是一个清洁、卫生、舒适的环境，则会使旅客心情愉快。

（4）要求人格受到尊重的心理。

尊重的需要包括自我尊重和得到别人的尊重。旅客不仅需要得到高速铁路客运服务人员的服务，更需要得到尊重。因此，不能用不礼貌的语言和行为对待旅客，需要给予旅客包括国籍、民族、风俗习惯、兴趣爱好、年龄、性别、体态特征等方面的尊重。旅客在列车上，希望听到高速铁路客运服务人员对他们的尊称；希望高速铁路客运服务人员对他们热情而有礼貌，不说粗话、不讲脏话，说话态度和蔼。对经济收入不高的旅客，高速铁路客运服务人员不能流露出丝毫看不起的神态。对生理有缺陷的旅客，高速铁路客运服务人员不能有歧视的态度，要尽量提供方便，给予同情和照顾。有过错的旅客，也希望得到高速铁路客运服务人员的谅解和尊重。因此，高速铁路客运服务人员对旅客要一视同仁，平等待客，不以貌取人，不居高临下，不盛气凌人，坚持礼貌待客，微笑服务，做到旅客上车有迎声，问事求助有回声，工作失礼有歉声。

学习笔记

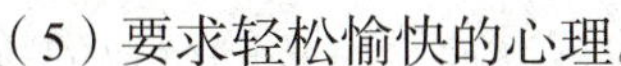

（5）要求轻松愉快的心理。

在高速铁路列车上，人员集中，活动空间有限，空气不流通，容易使人心烦和困倦。为使旅客摆脱这种心理状态，可以通过播放旅游知识节目、文艺娱乐节目等形式增加旅行的情趣，旅客不仅可以增加一些见识，而且会感到轻松愉快。

（二）高速铁路客运服务人员的服务心理

1. 高速铁路客运服务人员服务的基本原则

很多矛盾冲突往往是由于双方在交往过程中缺乏彼此的尊重所造成的，比如，高速铁路客运服务人员对于有意见的旅客反唇相讥，拿旅客的言行当谈资，以貌取人等，造成旅客对服务态度的投诉。因此，高速铁路客运服务人员首先要学会尊重旅客，把握尊重旅客、理解旅客的服务内涵，学会从旅客的角度看待和处理问题。

（1）热情待客。

高速铁路客运服务人员在工作中不仅不能怠慢、排斥、挑剔旅客，而且还应积极热情、主动地接近旅客，淡化彼此之间的戒备、抵触和对立情绪，将旅客当作自己家人看待。

（2）重视旅客。

高速铁路客运服务人员对旅客的尊重应表现为真诚对待旅客，主动关心旅客的需求和感受。

（3）赞美旅客。

高速铁路客运服务人员应善于发现旅客的优点并进行发自内心的赞

■ 学习笔记 ■

美。从心理学的角度来讲，每个人都喜欢听赞美之词，所有人都希望自己能够得到别人的欣赏与肯定。

2. 高速铁路客运服务人员的角色定位

（1）高速铁路客运服务人员是旅客的“秘书”，许多旅客对动车组设备、设施和服务内容都不够了解，高速铁路客运服务人员应该向旅客进行耐心解释和热情服务，消除旅客的疑惑，为旅客提供满意的服务。

（2）旅客是高速铁路客运服务人员的“衣食父母”，高速铁路客运服务人员的工作职责就是为旅客提供满意的服务，让旅客感觉到“宾至如归”，想旅客之所想、急旅客之所急，这样才能提升旅客的满意度和信任度。决不能对旅客不理不睬，置若罔闻。

（3）高速铁路客运服务人员还应根据高速铁路运输行业的特点，在服务内涵方面进行准确定位，按照社会对自己所扮演的角色的常规要求、限制和看法，来对自己的形象进行设计。

3. 高速铁路客运服务人员的服务意识

（1）服务意识是满足旅客潜在需求的服务能力。高速铁路客运服务人员要能及时、准确地发现旅客的潜在需求，主动关心旅客，学会察言观色，主动与旅客沟通，通过旅客的言行举止来发掘旅客的潜在需求，尽可能地满足旅客的要求。

（2）积极主动地为旅客着想。高速铁路客运服务人员身负为旅客服务的责任，应该积极主动地想旅客之所想，急旅客之所急，为旅客排忧解难。

（3）耐心周到地为旅客服务。高速铁路客运服务人员应该根据不同旅客的性格特点，耐心地为旅客办理业务、解答咨询，用心为旅客服务。

4. 高速铁路客运服务人员的服务心态

很多高速铁路客运服务人员在服务的过程中受到旅客情绪波动的影响或由于工作中不顺心的事情而影响了旅客服务时的态度和质量，满腹牢骚，甚至将不高兴的情绪传染给所服务的旅客，这必然会对旅客的心情产生影响，导致旅客对服务工作不满意。我们应清醒地认识到为旅客服务是每一位高速铁路客运服务人员的基本职责，不应该把自己的情绪带到工作中来，不能影响铁路对外的形象。如果不积极调整自己的情绪，没有大局观念，就会直接影响到旅客对服务工作的满意度和自己的职业发展。

■ 学习笔记 ■

（三）良好的心理素质及其培养训练的方法

1. 高速铁路客运服务人员良好心理素质的表现

（1）情绪控制能力。

情绪控制能力包含准确认识和表达自身情绪的能力、有效调节和管理情绪的能力两个方面的内容。

当客流量大的时候，情绪控制能力较强的高速铁路客运服务人员，能保持不急不躁、不慌不忙、镇定自若、沉稳冷静的情绪进行正常工作；情绪控制能力较弱的高速铁路客运服务人员，则表现为惊慌失措、思绪混乱、顾此失彼、额头和掌心冒汗、语调失控。当客流量小的时候，情绪控制能力较强的高速铁路客运服务人员能保持良好的精神面貌；情绪控制能力较弱的高速铁路客运服务人员又呈现精力难以集中、心不在焉、掉以轻心的状态。因此，高速铁路客运服务人员拥有良好的情绪控制能力是非常重要的。

（2）沟通协调能力。

性格内向、孤僻、冷漠、敏感的高速铁路客运服务人员在沟通协调能力方面往往比开朗、大度、坦诚、友善的高速铁路客运服务人员要差得多。

（3）语言表达能力。

语言表达能力对于高速铁路客运服务人员来说极其重要，语言是和旅客进行沟通的关键所在，有良好的语言表达能力才能为旅客更好地服务。因此，具备良好的语言表达能力是每位高速铁路客运服务人员必备的素质。

（4）良好的意志品质。

① 自我激励。

无论身处怎样的境地，都应具有将自己的热情、能力调动起来形成强大动力的思想意识，只有具备这样的思想意识，才能始终保持乐观自信、积极进取的心态。

② 对学习、工作有浓厚兴趣。

无论是谁，如果他对自己所做的事情没有兴趣，他是不会主动积极地去完成这件事情的，即使有外在的压力迫使，让他不得不去做，他也不会心甘情愿地去完成任务。相反，一个人从事自己所喜欢、感兴趣的

■ 学习笔记 ■

工作，即使面临再大的困难，他也会积极地想办法去解决困难，完成任务。高速铁路客运服务人员要对自己从事的高速铁路事业保持浓厚的兴趣，用积极的心态去工作。

2. 良好心理素质的培养训练方法

心理素质主要体现在人的情绪、意志品质、气质和性格等多个方面。其实对于高速铁路客运服务人员来说，坚忍的品质是心理素质中最为重要的因素之一。什么是坚忍？即坚持加忍耐。具体来说就是不受自己情绪的干扰，不受外界眼光及言论的影响，冷静从容地做自己该做的事。不祈求奇迹、不依赖他人、不满足现状、不放弃诚信，把改变现状、达成目标的责任承担起来。培养良好的心理素质要做到以下几点。

（1）学会控制情绪。

高速铁路客运服务人员在为旅客进行服务的时候可能会遇到一些刁蛮、说话粗鲁或是动手动脚的旅客，这时一定要控制好自己的情绪，一定要心平气和地对待每位旅客。

（2）要正确地认识、肯定自己。

一个人不自信主要表现在以下两个方面：一是缺乏成功的体验；二是缺乏客观公正地进行自我评估的能力。要抛弃自卑，就要战胜自我，战胜自我的前提是必须客观地了解自己，所谓“知己知彼，百战不殆”。高速铁路客运服务人员要为自己树立一个目标，要有坚定的信念，相信通过自己的努力能够实现这个目标，同时也要对自己有一个科学、合理的评估。

（3）克服惰性思想。

一个人的惰性对于工作的消极作用是非常可怕的。无论什么样的技巧或方法，一定要付诸实践，不能纸上谈兵。我们必须克服惰性思想，要积极地去面对每一项工作。

（4）认真审视自己。

要正确地审视自己的缺点，不断地提升、锻炼自己。

① 具有充分的适应力。

② 不脱离现实环境。

③ 善于从经验中学习。

④ 能保持良好的人际关系。

⑤ 能适度地发泄情绪和控制情绪。

⑤学会与人沟通，习惯与陌生人交往。

有些人害怕和陌生人接触、交往，这就是心理素质欠缺的体现。我们应该打开心扉去接受这个世界的未知，锻炼出良好的交际沟通能力和面对陌生环境的良好适应能力。旅客对于高速铁路客运服务人员来讲，绝大多数是陌生人，只有我们把他们当作自己的家人或朋友，为旅客服务时才不会有紧张感，才能够自然而然地满足每一位旅客的需求，才不会因自己的紧张或其他原因而造成工作上的失误。

良好的心理素质是其他礼仪的基础，是每一位高速铁路客运服务人员必须掌握的基本服务素养。高速铁路客运服务人员要在日常工作、生活中通过训练来培养自己良好的心理素质。

■ 学习笔记 ■

任务二 高速铁路车站客运服务作业流程及礼仪规范

【能力目标】

能掌握高速铁路车站不同岗位的作业流程内容及礼仪规范。

【知识目标】

（1）高铁车站客运人员的不同岗位作业流程。

（2）熟悉并掌握窗口售票员、安检员、问讯处客运员、贵宾室客运员、站台客运员、出站口客运员的服务礼仪规范。

【任务提出】

高速铁路车站（以下简称高铁站）是连接旅客与铁路

■ 学习笔记 ■

企业的窗口，旅客在车站要完成购票、托运行李、候车、检票、出站等多个事项，车站服务是否到位直接影响旅客的出行体验。高速铁路客运服务人员必须严格执行高铁站铁路旅客运输服务质量规范，在服务过程中有礼有节，既要熟练运用铁路行业的服务技能，又要具备良好的高铁客运礼仪风范。

一、车站售票窗口作业流程及礼仪规范

（一）售票作业流程

售票作业要严格执行相关作业标准（“六字售票法”），即：问、输、收、做、核、交。

（1）问。问清旅客购票方式（使用现金还是银行卡）、乘车日期、车次、发到站、票种、席别、张数、支付方式。

（2）输。输入旅客乘车日期、车次，选择发到站、票种、席别及张数。

（3）收。收取旅客购票票款后认真清点并与旅客认真核对票面信息（乘车日期核对采用 24 小时制）。

（4）做。打印车票，如果旅客选择银行卡购票，则按 Ctrl+4 键后进行银行卡支付操作，打印 POS 机凭条，将经旅客签字的 POS 机凭条的商户联粘贴到 POS 机凭条粘贴单上留存。

（5）核。核对票面上的上、下票号是否一致，价格是否正确，发现票号不一致的车票或证件号码错误应及时改正。

（6）交。将旅客购票时使用的证件、车票、余款（银行卡、POS 机凭条的持卡人联）一起交给旅客。示意图见图 3–1。

图3-1 交付旅客车票

学习笔记

1. 办理现金购票作业流程

（1）做好售票准备，主动向旅客问好，使用文明用语。

（2）问清旅客购票信息，如乘车日期、车次、发到站、票种、席别、张数等，向旅客宣传可以购买往返票、联程票。按旅客要求，认真查找条件相符车次的余票。将所查到的票数情况告知旅客，征求旅客意见。在票数不足的情况下，向旅客推荐其他适合的车次。

（3）按顺序在计算机内录入旅客购票信息，包括乘车日期、车次、发到站、票种、席别、张数等，与旅客核对票面的详细信息，确认信息正确，选择现金支付。

（4）按计算机显示金额，收取票款。使用验钞机验证大面额票款的真伪，向旅客唱报所收票款数额。

（5）将收到的票款数额输入计算机。再次与旅客核对车票信息、所交款额后，打印车票。

（6）确认票面上、下票号一致，票面不完整的车票禁止出售。

（7）将找零款和票面数额告知旅客，旅客无异议后，将旅客购票时使用的证件、车票及找零款交予旅客。

（8）将所收票款按面额分类，放入抽屉。百元票款达到一万元时，

■ 学习笔记 ■

将百元票款锁入保险柜。

2. 办理银行卡购票作业流程

（1）做好售票准备，在 POS 机上进行签到，确保本人的工号与 POS 系统显示的工号相同。主动向旅客问好，使用文明用语。

（2）了解旅客购票信息，如乘车日期、车次、发到站、票种、席别、张数等，向旅客宣传可以购买往返票、联程票。按旅客要求，认真查找条件相符车次的余票。将所查到的票数情况告知旅客，征求旅客意见。在票数不足的情况下，向旅客推荐其他适合的车次。发售异地票时，提示旅客要用现金支付每张车票 5 元的异地手续费。

（3）按顺序在计算机内录入旅客购票信息，包括乘车日期、车次、发到站、票种、席别张数等，与旅客核对票面的详细信息，确认信息正确，按 Ctrl+4 键后进行银行卡支付操作。

（4）在 POS 机上进行刷卡操作后，提示旅客输入密码，并将打印的 POS 机凭条交给旅客签字后收回。

（5）再次与旅客核对车票信息、所扣票款后，打印车票。

（6）确认票面上、下票号一致。票面信息不完整的车票禁止出售。

（7）将消费金额告知旅客。将旅客购票时使用的证件、车票、银行卡、POS 机凭条的持卡人联交予旅客。

（8）将有旅客签字的 POS 机凭条的商户联粘贴到 POS 机凭条粘贴单上。本班次结束后将 POS 机凭条粘贴单上交。

3. 办理互联网购票的取票作业流程

（1）做好售票准备，主动向旅客问好，使用文明用语。

（2）问清旅客订票时使用了哪种订票方式，确认旅客采用的是互联网购票方式。查看旅客递交的取票证件是否是有效证件。

（3）按 Alt+Y 键进入合同制票界面，选择“取网上订票”。将旅客身份证放在识别器上，按 F7 键读取信息，旅客同一订单中有多张车票时，请旅客提供相对应的有效身份证原件。如旅客提供二代身份证原件以外的其他证件，请旅客出示订单号，将订单号与证件号一起输入系统。

（4）获取旅客所订车票信息后，按 Enter 键确认，界面出现旅客所订车票信息。根据旅客要求，选择旅客当次要取的车票或全部车票。与旅客核对票面的详细信息，确认信息正确后制票。换取异地票时，收取每张票5元的异地手续费。

（5）与旅客核对张数、到站、车次等信息，将取票证件和车票交予旅客。

■ 学习笔记 ■

4. 办理电话订票的取票作业流程

（1）做好售票准备。主动向旅客问好，使用文明用语。

（2）问清旅客订票时使用了哪种订票方式，确认旅客采用的是电话订票方式。查看旅客递交的有效身份证件原件。

（3）按Alt+Y键进入合同制票界面，选择“取普通票”。将旅客身份证放在识别器上，按F7键读取信息。旅客同一订单中有多张车票时，请旅客提供相对应的有效身份证原件。如旅客提供二代身份证原件以外的其他证件，请旅客出示订单号，将订单号与证件号一起输入系统。

（4）获取旅客所订车票信息后，按Enter键确认，界面出现旅客所订车票信息。根据旅客要求，选择旅客当次要取的车票或全部车票。与旅客核对票面的详细信息，确认信息正确。根据计算机显示金额向旅客收取票款，旅客可使用现金或银行卡支付。将收到的票款数额输入计算机或进行刷卡操作。再次与旅客核对车票信息、所交款额，确认无误后制票。

（5）将取票证件、车票及找零款（银行卡、POS机凭条的持卡人联）交予旅客。

（6）将所收票款按面额分类，放入抽屉。如为刷卡方式取票，则将有旅客签字的POS机凭条的商户联粘贴到POS机凭条粘贴单上。本班次结束后将POS机凭条粘贴单上交。

（二）售票礼仪规范

售票车间由多个岗位组成，如进款、票库、计划管理、窗口售票等。其中窗口售票员是直接与旅客接触的岗位，其在售票过程中的服务礼仪是否到位，直接影响旅客对铁路售票工作的评价。

（1）窗口售票员上岗时应穿统一制服。穿着铁路制服要整洁、得体、规范；鞋袜、领带等要佩戴整齐；胸卡、肩章等服务标志要正确佩戴在指定位置。男性窗口售票员不留长发、胡须，女性窗口售票员发不过肩，不披头散发。

■ 学习笔记 ■

（2）窗口售票员坐姿应规范，售票时应用亲切、大小适中的声音向旅客问好，同时准确地为旅客售票。如遇售票高峰，应用简练的语言配合熟练的计算机操作，快捷而准确地售票，以减少旅客排队等候的时间。

（3）售票时，应做到热情周到。对反复问话、耽搁较多时间的旅客，不要表现出厌恶情绪，不能对旅客说："到底买不买？不买别碍事！"或者干脆说："没有了！卖完了！不知道！"再或者把旅客打发走，这都会给旅客留下极坏的印象。严禁与旅客发生口角，这样做会给铁路企业形象带来严重损害。

（4）如果旅客没听清自己所讲的话，应加大一点音量并稍加解释。如果听不清楚旅客所讲的话，可以把纸笔递给他，让他把相关要求写在上面，以免误售车票。

（5）客流量较大、票额紧张、某车次车票已售完时，应替旅客着想，向旅客推荐其他车次，可对旅客说："对不起，××车次已售完，但去往上海方向的还有××次车，时间都差不多，您可以考虑一下。"或者说："对不起，去往上海方向的车票已全部售完，您可以选择在南京中转。"

二、车站安检作业流程及礼仪规范

（一）车站安检作业流程

（1）安检引导员负责对进站旅客所持的车票及证件进行实名制审核，查验"票、证、人"是否相符。若相符，请旅客接受安全检查；若不相符，则拒绝其进站并告知旅客相关的政策规定。

（2）安检引导员引导旅客将携带品自行按顺序摆放在传送带中间以接受安全检查，向旅客宣传安全常识及携带危险品进站上车的危害性，确保旅客在接受检查时不堵塞安检通道。

（3）旅客通过安全门发生报警时，安检身检员使用手持式金属探测器对旅客进行身体的全方位探查，手持式金属探测器报警时对应的部位要进行触摸检查，防止旅客携带（藏匿）危险品或违禁品，身检作业要严格遵守"男不检女"的规定。

（4）安检身检员自上而下、从左至右、从前至后采取仪器与手工

相结合的方式进行身体检查，采取眼睛观察和手触摸的方法排除疑点。对肩胛、胸部、腋下、腰部、臀部、裆部、大小腿内侧、脚踝，以及上、下衣口袋、裤兜等部位进行重点检查。安检示意图如图 3-2 所示。

图3-2 安检

（5）检查完毕后，对没有携带危险品和违禁品的旅客给予放行，对检查中发现的携带危险品及违禁品的旅客，应当区别情况处理。对明显存在藏匿、夹带危险品和违禁品意图的旅客，应当视为故意藏匿，交公安民警依法处理；属于其他非故意情况的，应对其进行宣传教育。

（6）安检值机员通过安检仪，准确甄别旅客携带包裹内的物品，对危险品、违禁品和管制器具等物品进行辨别，发现可疑物或疑似危险品时，立即通知安检处置员进行开包检查。

（7）安检处置员对疑似装有危险品、违禁品的包裹要进行开包检查。手工开包检查时一般由旅客自己打开包裹，安检处置员查看包裹内的物品是否属于危险品或违禁品，无法判明性质时可拒绝旅客携带不明性质的物品进站上车。

（8）在检查中严格执行“手工开包、女包女检”的规定，手工开包检查要从外到内、从上到下，逐一检查每件物品，以排除疑点。包裹内的物品要轻拿轻放，检查完毕后逐个复原。

（9）安检处置员对查出的危险品进行处置时，要认真填写危险品

■ 学习笔记 ■

检查登记簿和暂存危险品登记簿，详细登记危险品的发现时间、地点，查获人的姓名，旅客的姓名、性别、联系电话、查获物品的品名等相关信息，由旅客签字确认放弃后，在物品上粘贴便笺（便笺记载查获人的姓名、发现时间、旅客的姓名等信息）。要妥善保存危险品检查登记簿、暂存危险品登记簿。

（10）对查出的管制器具等危险品，立即交由公安人员进行处理，同时填写违禁物品收缴单。

（二）车站安检服务礼仪规范

实名制验证及“三品检查”工作对于维护车站及列车安全有着至关重要的作用，不得有丝毫怠慢。许多旅客在安检的过程中经常会有不耐烦、不理解的情绪，因此安检工作必须更加重视服务礼仪规范。

（1）安检引导员应采用规范的站姿立岗，使用文明用语，请旅客主动出示有效身份证件及车票，同时主动伸手帮旅客把大包、重包放到安全检测仪上或抬到桌上进行检查。如图 3–3 所示。

图3–3　安检引导员为旅客服务

（2）根据客流情况对旅客予以分流，以便旅客能够尽快接受安检。引导前一位旅客安检的同时，提醒下一位旅客做好准备，以加快安检工作速度。

（3）安检过程中，对旅客携带物品有疑问时，安检处置员不要当着其他旅客的面检查包内的违禁品，应把包拿到处置台进行开包检查。

（4）安检处置员查包时态度应和蔼，使用文明用语。查包时对旅客的包裹要轻拿轻放，以免损坏。查包时应尽量由旅客自行打开，女包女检。安检处置员查包时，应有公安人员在场监督。

■ 学习笔记 ■

（5）安检处置员若发现违禁品，应保持平和的心态，耐心、和蔼地向旅客详细指出哪些物品属于违禁品，及时将违禁品没收，严禁旅客将违禁品带进站、带上车。若未发现违禁品，应当立即对旅客的支持表示感谢。

（6）安检处置员查包完毕后，要将包内物品按照原来的摆放顺序复原并拉好拉链，再主动将包裹交给旅客。

（7）安检身检员使用手持式金属探测器对旅客进行全方位探查，对手持式金属探测器报警时所对应的部位要进行触摸检查，要严格执行“男不检女”的规定。

（8）如果因安检各岗位人员工作不慎而损坏了旅客的物品，要立即向旅客赔礼道歉，同时承担赔偿责任。

（9）安检完毕后，应向旅客表示感谢，说：“对不起，给您添麻烦了，祝您旅途愉快，再见。”

三、站厅问讯处作业流程及礼仪规范

（一）站厅问讯处作业流程

（1）参加点名会，着装整齐规范，明确文电、命令指示的重点事项。

（2）接受业务试问，按要求问答。

（3）列队上岗，对岗交接：交清列车运行情况、设备情况、重点旅客情况、服务备品情况及其他重点要求，交接不清，接者负责。

（4）参加班后总结会，按照上级要求落实学习培训计划。

（二）站厅问讯处服务礼仪规范

问讯处是旅客求助的中心，应为旅客提供整洁明亮的问讯环境和设

■ 学习笔记 ■

施先进的问讯设备。

问讯处尽量采用“开放式”的设计，让旅客与服务人员面对面进行交流，有条件的车站还应安装触摸式电子查询设备，供旅客自助查询。另外，问讯处还应提供丰富的问讯资料供旅客翻阅。

（1）问讯处客运员应统一穿着铁路制服，衬衣下摆不外露，制帽、职务标志佩戴规范（女性问讯处客运员还可佩戴白手套、头花）；头发整齐，精神饱满，面带微笑，服务期间采用标准站姿。男性问讯处客运员不留胡须，不佩戴任何金银首饰和装饰品，女性问讯处客运员不化浓妆。如图 3–4 所示。

图3–4　问讯处工作人员

（2）旅客走来时，应面带微笑地正视旅客并彬彬有礼地问上一句：“您需要帮助吗？”这有利于消除旅客的焦虑和不安情绪，双方可在融洽的氛围中交流。

（3）其他岗位人员面对旅客询问时，应热情地回答旅客的提问。各岗位人员在车站内行走时遇到旅客问讯，应停下脚步，面带微笑，关切地问旅客：“先生（女士），您有什么事需要我帮忙吗？”

（4）面对旅客的询问，应正视旅客，全神贯注地倾听。注意不要随便打断对方的问话，让对方把话讲完。需要插话时，应当在对方讲话告一段落后再进行。不要直接否定对方的讲话，更不要“抬杠”，如果没有听清旅客的问话应说：“对不起，请您再说一遍，好吗？”

（5）回答询问时要使用普通话，声音大小适中，语气要温和、耐心、愉快，回答内容要准确。应注意对旅客一视同仁，不以貌取人，以丰富的业务知识和自己的热情与真诚来赢得每位旅客的信任。当旅客向你表示感谢时，应微笑并谦逊地回答：“不用谢，这是我应该做的。”

（6）解答旅客询问，不知道的事项或不确定的事项不要信口开河，也不能敷衍应付旅客。应严格执行“首问首诉”负责制的规定，解答或解决问题直到旅客满意为止，做到问讯工作的有始有终。

（7）当旅客咨询站外地点的方位时，如果你知道，应清楚、详细地告诉对方怎么走，必要时可以画一张路线图。

（8）问讯处客运员在问讯服务中，应做到百问不厌、百问不倒。熟练掌握本岗位业务基础知识，多总结、多积累其他相关岗位的业务知识，对交通、旅游、购物、餐饮、住宿、医疗等相关延伸知识也应多收集、多了解，这样才能更好地为旅客服务，想旅客之所想，急旅客之所急，做到“问不倒，问不恼”。

（9）如果有多位旅客咨询，应从容不迫地一一作答，不能只顾一位旅客，冷落了其他旅客。凡是答应旅客随后再作答复的事，一定要守信用，适时作出答复。

学习笔记

四、候车大厅作业流程及服务礼仪规范

（一）候车大厅作业流程

（1）参加点名会。

（2）接受班前业务试问。

（3）摘抄电文、命令。

（4）对岗接班。

（5）检查巡视作业区域。

（6）按规定程序上报非正常情况，协助客运值班员（值班主任）对突发情况进行应急处置。

（7）负责所在工区的环境卫生工作，确保桌椅、地面无灰尘，杂物、垃圾清倒及时，桌椅摆放整齐，工具、备品定位摆放。

（8）按规定参加班后总结会，总结班中工作的不足，及时整改；按规定参加培训及业务考试，禁止迟到、早退、无故不参加；积极参加各项业务竞赛活动。

（二）候车大厅客运服务礼仪规范

高速铁路车站候车大厅应保持整洁明快、清新高雅的候车环境，为

■ 学习笔记 ■

此应讲究卫生宣传的艺术，让旅客自觉维护环境卫生。高速铁路车站是无烟车站，全站禁烟，须劝阻吸烟旅客到站外吸烟。旅客候车的过程中，高速铁路客运服务人员在为其提供候车服务时，要注意以下礼仪规范。

（1）遇到乱扔垃圾、破坏公物的旅客，要用文明的语言进行劝阻。让旅客感受到你对他的尊重。

（2）在劝阻吸烟旅客时，要和颜悦色地说："对不起，先生（女士），本站是无烟车站，请您到站外吸烟，好吗？"然后利用手势为其指明方向，请求其配合。

（3）通过广播宣传相关规定时，忌使用生硬的语气，如"根据××部门的规定，一不准××，二不准××，否则罚款"。这种生硬的语气让人听后感觉很不舒服，甚至会使旅客产生逆反心理。

（4）可利用广播、电子指示屏等途径，进行候车服务引导，及时告知、引导旅客提前到达指定的候车、检票地点。特殊情况下，高速铁路车站客运服务人员可走到旅客的身边，主动迎候旅客，随时为他们提供服务，指引他们前往准确的检票口，这会让旅客感到铁路职工训练有素、值得信赖。

（5）在候车厅中，由于旅客较多，为便于排队检票，应把握"三条线"，即两边椅子上坐着的旅客成两条线，中间过道上摆放的行李成一条线，这样给人整齐划一、井然有序的感觉。

五、候车室贵宾厅作业流程及服务礼仪规范

（一）候车室贵宾厅作业流程

（1）客运值班主任接到贵宾接待任务通知后，通知贵宾室客运员提前开展准备工作。贵宾室客运员着装整齐规范，举止大方，表情自然。女性贵宾室客运员化淡妆上岗，笑迎笑送，手势引导标准。

（2）贵宾室客运员提前立岗（三级专运提前1小时上岗，二级专运提前1小时30分钟上岗，一级专运提前2小时上岗）。对贵宾室进行彻底清扫，消除死角，做到窗明地净，四壁无尘。确保贵宾室灯光明亮（如有灯具损坏，迅速报修）。贵宾室卫生间可喷洒少量空气清新剂，贵宾用的毛巾要进行消毒。贵宾室客运员要提前将灯、空调、电视打开，备足开水、泡好茶。

（3）贵宾室客运员要确保相关备品齐全，使用状态良好，迎接、

引导贵宾进入贵宾室后进行供水服务。

（4）贵宾室客运员要随时关注危险隐患，做好普通旅客的引导工作，防止普通旅客的行进路线与贵宾的行进路线产生交叉，警惕一切可疑情况。

（5）贵宾室客运员要及时掌握列车运行情况，随时答复贵宾提出的与列车运行相关的问题。按贵宾指示，不需要工作人员在室内时，可关门后到门口立岗。

学习笔记

（6）接待任务结束后，贵宾室客运员立岗恭送贵宾，客运值班主任将贵宾送到站台乘车。

（7）贵宾室客运员检查有无贵宾遗留的物品并通知保洁人员清理环境卫生。

（二）候车室贵宾厅服务礼仪规范

（1）对贵宾的服务应有度，既给服务对象足够的空间，又不能让服务对象找不到人。若贵宾不需要贵宾室客运员留在室内，贵宾室客运员可在贵宾室门外等候。

（2）引导贵宾时，一般走在贵宾前方左侧，与贵宾保持1米左右的距离，自己走在通道边缘，让贵宾走中间，避免背部挡住贵宾视线。拐弯时，要先放慢步伐或停下来，回头并以手势配合说“请这边走”。走到阶梯处或有门槛的地方要提醒贵宾注意，说“请留意脚下”或“请当心”。

（3）针对贵宾的服务语言要突出“礼”字，具体要求如下。

① 待客三声：来有迎声（主动问候）；问有答声（有问必答，按时回答，如实回答）；去有送声。

② 待客“四个不讲”：不尊重对方的语言不能讲；不友好的语言不能讲；不客气的语言不能讲；不耐烦的语言不能讲。

（4）和贵宾相遇时应立即起身，面带微笑，主动问候。在和贵宾交谈时，应首先主动介绍自己，表情要自然，面带微笑。声音的好坏不仅在于音质，更在于说话人的态度、语气和语速，要采用明确而亲切的说话方式。

六、候车检票作业流程及服务礼仪规范

（一）候车检票作业流程

（1）检票口客运员在列车开车前20分钟列队到达检票口，每组闸

■ 学习笔记 ■

机2人，检查检票闸机、自动感应门、扶梯、检票显示屏等设备的状态。

（2）检票口客运员利用区域广播向旅客介绍检票闸机、自动扶梯等设备的使用方法和安全注意事项，引导持软质车票和磁介质车票的旅客分别排队，引导重点旅客到队列前方优先检票进站。

（3）旅客服务系统在列车开车前18分钟，广播播放检票准备信息，检票显示屏显示准备检票信息。

（4）列车开车前15分钟，旅客服务系统播放开始检票广播，每5分钟循环播报一次。检票显示屏显示开始检票信息，客运值班员核对检票闸机操作终端是否处于检票状态。

（5）检票口客运员利用对讲机通知站台客运员检票开始，用语："× 站台，× × 次列车开始检票。"站台客运员回答："× × 次列车开始检票，× 站台明白。"

（6）检票口客运员进行检票作业，引导旅客正确使用检票闸机，推荐携带大件行李的旅客经大件行李闸机检票进站；引导持软质车票旅客经人工检票口检票进站，核对票面信息后加剪。如图3–5所示。

图3–5　检票

（7）列车开车前3分钟，旅客服务系统播放停止检票广播。检票口客运员核实检票闸机处于关闭状态，检票显示屏显示停检信息，对人工检票口进行加锁后，停止该次列车检票作业。

（8）停检后，检票口客运员在检票口值守，对当日当次未上车旅客，阻止其进站，并引导其到售票处办理改签或退票手续。

（9）检票口客运员接到站台列车开车的通知后，检查设备设施状态，通知保洁人员对相关区域的环境卫生进行清理，列队退岗。

学习笔记

（二）候车检票服务礼仪规范

（1）检票口客运员应及时掌握列车运行情况，积极配合车站广播室及时、准确、清楚地通告列车运行情况，语言温和、语速适中，让旅客做到心中有数。

（2）检票时应组织好检票秩序，提前在检票口挂出指示牌并通过电子引导装置将检票信息不间断地显示，可采取分段检票、分行检票等方式组织检票，使检票作业井然有序、安静、文明。

（3）检票时，应做到“一看、二唱、三剪下”，动作要干净利落。与旅客对话时，要注意微笑面对旅客，说话语气要平和，吐字要清楚，态度要和蔼。注意使用文明用语，对旅客说：“您好，请出示您的车票。”

（4）如果发现个别旅客扰乱检票秩序，应用和蔼的语气劝阻：“对不起，这位先生（女士），请您排队检票。”切记大声呼喊、训斥、推搡旅客，对于少数屡劝不止的旅客，必要时可以用手或身体挡在其前边，态度严肃、语气坚定地进行劝阻。

（5）如果几个旅客的票全由一人拿着，而这个人又走在最后面，可委婉地说：“请问几位的车票在谁手中？别着急，让我先核对一下车票再走，好吗？”

（6）检票后，主动把车票递到旅客手中，不要等旅客到你手中来取。交还车票时可以说：“拿好您的车票，请慢走。”

（7）停检后，遇匆忙赶来的旅客应制止其强闯检票口，同时用和蔼亲切的语气耐心地予以安慰，可帮助旅客出主意：“先生（女士），您别着急，您改乘××次列车同样可以到达。您可以去售票处办理改签手续。”切不可对旅客刻薄、生硬地埋怨，甚至冷嘲热讽。

■ 学习笔记 ■

七、候车站台作业流程及服务礼仪规范

（一）候车站台作业流程

1. 始发列车站台作业流程

（1）列车开车前 20 分钟，站台客运员携带对讲机、扩音器、口笛出场，出场的站台客运员不少于 2 人（具体出场位置由各站自定）。

（2）站台客运员出场后，检查线路、站台、扶梯有无异状，站台显示屏、时钟显示是否正确，及时消除安全隐患。

（3）列车发车前 15 分钟，检票口客运员通知站台客运员开始检票，站台客运员站在指定地点立岗引导旅客。

（4）站台客运员对搭乘扶梯的旅客进行安全宣传，引导旅客前往相应的车厢位置。

（5）就重点旅客和重点工作与列车长办理交接。

（6）接到检票口客运员停止检票通知后，站台客运员提醒还未上车的旅客及时上车，通知列车长本次列车停止检票。

（7）有上水作业和高铁快件运输作业的列车，站台客运员在确认作业完毕后，通知列车长相关作业完毕。

（8）列车关闭车门后，站台客运员足踏安全白线，面向列车，发现异状，及时处置。

（9）列车开车后，站台客运员身体随列车运行方向转动，目送列车出站。确认列车驶出站台后通知客运值班员、检票口客运员该次列车已经开出。

（10）列车驶出站台端部后，站台客运员对站台进行巡视，清理站内滞留人员，列队退岗。

2. 终到列车站台作业流程

（1）站台客运员于列车到达前 10 分钟出场，准备接车。

（2）站台客运员出场后，检查线路、站台、扶梯有无异状，站台显示屏、时钟显示是否正确，及时消除安全隐患。

（3）列车进站后，利用对讲机通知综控室值班员列车到达时间，通知出站口客运员做好出站检票准备。

（4）与到达列车列车长办理交接。

（5）引导旅客经由出站流线出站，对重点旅客重点照顾。

（6）确认旅客全部离开站台后，利用对讲机通知出站口客运员。

（7）清理站台。

学习笔记

（二）候车站台服务礼仪规范

（1）候车时，站台客运员应时刻注意旅客安全，需及时提醒越过安全线靠近车轨的旅客，可用随身携带的扩音器，声音洪亮，但不要怒吼。

（2）提醒旅客候车的站台及车次，对于走错站台的旅客应予以协助，并告知返回正确站台的路线，以免乘客慌乱中再次走错。

八、出站口验票作业流程及服务礼仪规范

（一）出站口验票作业流程

（1）列车到站前5分钟，出站口客运员检查检票闸机、自动感应门、扶梯等设备设施情况，核对出站口显示屏的显示内容是否正确，及时消除安全隐患。

（2）接到站台客运员通告的列车进站信息后，出站口客运员在指定位置立岗迎接旅客出站。

（3）旅客出站时，出站口客运员向持磁介质车票的旅客宣传检票闸机的使用方法，引导旅客通过检票闸机验票出站，对持软质车票的旅客引导其经由人工验票口出站并仔细查验车票。

（4）对无票人员和携带违章物品的旅客办理补票、补费手续。办理补票、补费手续时通知客运值班员安排人员替岗。

（5）出站口客运员在验票的同时要关注检票闸机的使用状态，发现问题及时处理，个人无法处理的问题，立即向综控室值班员报告。

（6）出站口客运员接到站台客运员发出的下车旅客已全部离开站台的通知后，组织全部旅客验票出站，将出站口进行锁闭，并及时通知保洁人员对出站区域进行清扫。

■ 学习笔记 ■

（二）出站口验票服务礼仪规范

旅客到站后，出站工作成为高速铁路旅客运输的最后一步。高速铁路车站客运服务人员贴心的服务、文明的礼仪，将会为旅客的旅行画上圆满的句号。出站服务主要由高速铁路车站台客运员和出站口客运员承担。

（1）多数旅客刚下车时很难辨别方位，除通过广播适时宣传引导外，站台客运员应在刚下车旅客的身边，随时为旅客指明正确的出站方向，指示方向时四指并拢，掌心向上。

（2）站台客运员应保持出站通道的宽敞、明亮和站台的平坦、干净，积极疏导出站人群，对一些携带品较多或行走不便的旅客，应主动帮助、搀扶，以保证出站队伍井然有序，下车旅客快捷出站。

站台客运员帮旅客拿行李要得到旅客的允许，并走在旅客身边，与旅客保持同速，以免被旅客误解。

（3）出站口客运员在出站口查验车票时，应着装整洁、精神饱满地站在岗位上，向旅客微笑致意，同时主动伸手去接车票，不要等旅客把车票递到自己的身前才去接，更不能让旅客把车票举到自己的眼前，这样做是对旅客的不尊重。

（4）旅客索要车票用于报销时，应及时将车票交还旅客。注意不要毁坏印有票价的部分。对旅客不要的车票，应及时收回，以免流失。

（5）发现旅客没有车票想混出车站时，不应大喊大叫、尖酸刻薄地训斥、挖苦，也不要用力拉拽或推搡旅客。可以用手或身体礼貌地将其挡住，声音平和、语气委婉地请其到补票处去补票。

（6）遇见儿童超高需补票的情况，一定要先量儿童的身高，确定儿童超高再办理补票手续。测量儿童身高要先征得家长的同意，千万不可自行拉儿童去测量身高。发现超高儿童时，可以主动走到儿童的身旁，弯下腰关切地问："你叫什么名字？今年多大了？从哪里来呀？"以消除儿童的害怕和紧张情绪。征得家长同意后，可以拉着儿童的手说："小朋友，叔叔（阿姨）领你去量一下身高好吗？"如果儿童确实超高了就应跟家长说："您看，您的孩子非常健康，已经长这么高了，该买儿童票（成人票）了。"

（7）补票时，应和颜悦色地用通俗易懂的语言描述相关的补费规定并准确地说出应收费用，该补多少就补多少，不能含糊其辞。向旅客解释的时候态度要耐心、亲切，不可表现出傲慢或不耐烦的情绪。

（8）旅客没钱补票或不愿意补票时，应注意避免与旅客争吵，更不能拿旅客的物品做抵押或接受旅客的赠品。碰上蛮不讲理的旅客，可把其请到值班室，耐心和蔼地向其解释相关规定，等到其心平气和时再补票（补费）。必要时可请公安人员出面处理问题，尽量避免与旅客产生摩擦，激化矛盾。

■ 学习笔记 ■

九、特殊旅客、重点旅客作业流程及服务礼仪规范

（一）特殊旅客、重点旅客接待作业流程

（1）问讯处客运员接到重点旅客接待任务后，及时掌握重点旅客所乘列车车次、需要帮助情况等信息并向客运值班员报告。

（2）重点旅客需要使用轮椅时，问讯处客运员要及时登记、提供轮椅（有送站人员时按规定办理相关手续，收取身份证或押金）并按客运值班员的指示将重点旅客安排到指定地点候车，重点监控，做好服务。

（3）问讯处客运员掌握重点旅客所乘列车的运行情况，提前协助家属将重点旅客引导到检票口。

（4）检票口客运员与站台客运员进行沟通，经站台客运员同意后提前组织重点旅客检票进站，同时做好防护工作，保证旅客乘降安全。

（5）站台客运员就重点旅客与列车长进行重点交接。站车交接认真仔细，不漏项，手续齐全，互有签字。

（6）办理站车交接后，站台客运员将轮椅收回，无接发列车作业时送回问讯处。

（二）特殊旅客、重点旅客服务礼仪规范

（1）遇见残疾人旅客，在征求对方同意后，可根据实际情况与同事分工协助提供购票、过安检、候车、检票、上车等服务。不应刻意盯住或谈论旅客伤残之处。

（2）遇有老人、儿童、孕妇及怀抱婴儿的旅客，应热情地主动上前帮忙，并协助拿放行李。不要过分热情，不得向儿童及婴儿提供私人

携带食物等。

（3）遇有警察执行公务押解犯人，应配合警察执行公务，不得与他人谈论或泄露警察及犯人的座位信息及其他信息。

学习笔记

任务三　高速铁路客运乘务员服务礼仪

【能力目标】

能掌握高速铁路动车组列车乘务员不同岗位的职责。

能熟悉乘务员不同岗位的服务礼仪要求。

【知识目标】

（1）动车组列车乘务人员的岗位分工。

（2）动车组列车乘务人员各岗位服务礼仪。

（3）VIP、观光舱、商务舱服务礼仪。

（4）动车组列车常用客运服务技巧。

【任务提出】

高速铁路旅客列车是铁路旅客运输的重要组成部分，旅客在旅行过程中的大部分时间都在列车上度过。列车上客运服务质量的优劣直接影响铁路旅客运输服务质量，高速铁路列车服务对于增加旅客满意度，培养旅客忠诚度，提升铁路整体形象具有重要的意义。列车上客运服务人员（列车长、列车员、餐服员）要时时面对旅客，在旅客乘降、车厢服务、票务处理等各环节中，为旅客提供优质的服务。

一、动车组列车乘务人员的构成及岗位职责

■ 学习笔记 ■

（一）列车长岗位职责

（1）领导和督促动车组工作人员按各自的工作分工和作业标准，开展旅客服务工作，确保服务质量和旅客安全。

（2）服从调度员的指挥，完成上级布置的各项工作任务，负责协调和处理列车运行中的相关事务。

（3）组织召开乘务班组出、退乘会。

（4）组织进行列车上部设备设施的检查，全面掌握列车上部设备设施的情况。

（5）监督、检查列车餐饮供应工作的质量。

（6）检查、验收各岗位工作人员工作的质量。

（7）组织开展动车组运行过程中的验票、补票等作业，做好与车站的交接工作。

（8）做好重点旅客的服务工作。

（9）受理旅客的投诉和建议，帮助旅客解决问题。

（10）做好突发情况的应急处置和指挥工作，及时向调度员和上级报告突发情况。

（11）做好乘务班组在折返站的工作安排和人员管理。

（12）做好各类信息的反馈并提出工作改进建议。

（二）列车员（列车乘务员）岗位职责

（1）在列车长的领导下做好动车组列车旅客的运输和服务工作。

（2）负责车厢的服务和安全工作，保持车容整洁。

（3）检查车内各种安全、服务设备和备品。

（4）参与查验车票工作，协助列车长进行补票、核对席位等工作。

（5）协助乘服员（乘务服务员）做好列车的卫生清洁工作。

（6）根据预案分工和列车长安排，做好突发情况的应急处置工作。

（7）及时向列车长反馈各种信息并提出工作改进建议。

（8）完成列车长交办的其他工作。

（三）餐服员（餐车服务员）岗位职责

（1）在列车长的领导下做好动车组列车旅客运输和餐饮服务工作。

■ 学习笔记 ■

（2）贯彻食品、商品的配送及回收交接制度，对食品、商品进行相关资质检查及质量检查，及时回收腐坏食品、商品，确保食品、商品质量安全。

（3）进行列车餐饮设备的检查、操作和维护工作，保持餐车清洁卫生，餐车的餐桌、吧台、工作台、微波炉及各橱、箱、柜内保持洁净。

（4）按规定布置餐车，补充各种食品、商品。

（5）做好餐车的清洁卫生工作，进行餐、茶具的收集、洗涤和保管工作，进行送餐车、售货车的整理工作。

（6）做好餐车经营的现金、票据的管理和交接工作。

（7）听从列车长指挥，参与处置车内各种突发情况。

（8）完成列车长交办的其他工作。

二、动车组列车乘务员客运服务礼仪

（一）站台立岗迎接旅客上车礼仪

（1）在距离车门 20 厘米处面向车头，女生前腹式站姿立岗，右手搭在左手上，大拇指放在肚脐上下一厘米内，右手指尖垂直向下。两脚成小八字站或并拢站立，保持一度微笑。男生手臂自然下垂，双脚并拢。如图 3–6 所示。

图3–6　站姿

■ 学习笔记 ■

（2）旅客距离 2 米处时，保持三度微笑，音量适中，语言规范："您好，欢迎您乘坐 ×× 高铁！"（先问候完毕再鞠躬示意）15 度鞠躬，目光柔和，面带微笑。

（3）注视旅客眼睛，旅客距离 0.5 米时，用语："请您出示车票。"语气温和，不要使用检查、命令式语气。

（4）双手接票，核对乘客的席别、席位。核对完成后，准确记住旅客信息，将车票字面正向交还旅客，用语："女士（先生），请您收好，您的座位是 × 号车厢 × 号座位，第一排靠窗位置，您这边请！"引领手势采用横摆式，语言亲切，音量适中。如图 3-7 所示。

图3-7 引领手势

（二）定位立岗（车门口）送旅客下车礼仪

在车门口 20 厘米处面向客人前腹式站姿立岗，自然微笑、音量适中，语言规范："您慢走，小心脚下！"采用斜臂式引手势（手臂由上向下斜伸摆动）。旅客下车时，保持三度微笑，引导旅客出站，用语："您请这边出站，期待您下次乘车。"

（三）巡视车厢服务礼仪

进行车内巡视时，女乘务员采用巡视走姿，男乘务员双手自然摆动，目光柔和，面带微笑。

巡视时应在车厢通道中间位置直线行走，巡视时环视前方三至五排

■ 学习笔记 ■

的旅客，目光从左到右，由上至下环视。环视内容：查看旅客行李码放情况；旅客动态（如旅客看书时，应先询问：“× × 先生（女士）您好，需要我帮您打开阅读灯吗？”）；解答旅客问询，回答问题时面向旅客0.5 米处、45 度角的位置，目光注视旅客眼睛，身体前倾 10 度。解答旅客问询时，如其他旅客同时询问，应转身回答：“好的，我马上来！”转身时禁止将臀部转向正在被服务的旅客。

巡视时如身后一排旅客呼唤时，应退后两小步，调整至与旅客面对0.5 米处、45 度角的位置，目光注视旅客眼睛，身体前倾 10 度，用语：“先生（女士）您好，有什么需要帮您的吗？”如身后两排以上的旅客呼唤时，应三步转身，走至与旅客面对 0.5 米处、45 度角的位置，目光注视旅客眼睛，身体前倾 10 度，用语：“先生（女士）您好，有什么需要帮您的吗？”如图 3–8 所示。

图3–8 巡视

（四）行李码放作业礼仪

乘客落座后乘务员应及时整理行李架，加快旅客行李放置速度。

将特殊（老、幼、病、残、孕）旅客的行李安排在他们可以看见或方便提取的位置。提醒旅客不要把容易滴洒的液体放在行李架上，密码箱不可摞在一起放置。提醒旅客保管好笔记本电脑等贵重物品或易碎物品。

在帮旅客摆放行李时，要先经旅客同意，摆放旅客行李需轻拿轻放。尽量不要替旅客保管物品，如特殊情况需要保管，应提醒旅客取出贵重、易碎物品，并让旅客亲自确认行李存放位置，提醒下车时不要忘记拿取。

■ 学习笔记 ■

当旅客座位上方行李架已满时，与旅客协商将行李放在其他行李架上，并让旅客确认存放位置，提醒旅客提取贵重物品，下车时不要忘记拿取。

检查行李架时，应注意物品不得超过规定的尺寸，以免滑落。

旅客到站前在车厢里站立等候下车时，提示并帮助旅客将行李统一放在车厢右侧一排，以保证通道不堵塞，方便其他旅客行走。大件行李较多、行李架放置不下时及时向列车长汇报，并说服、协助旅客将大件行李放到大件行李存放处。如图 3-9 所示。

图3-9 放置行李

（五）餐车及车厢餐饮服务礼仪

乘务人员应热情地为旅客提供餐食服务，如图 3-10 所示。

■ 学习笔记 ■

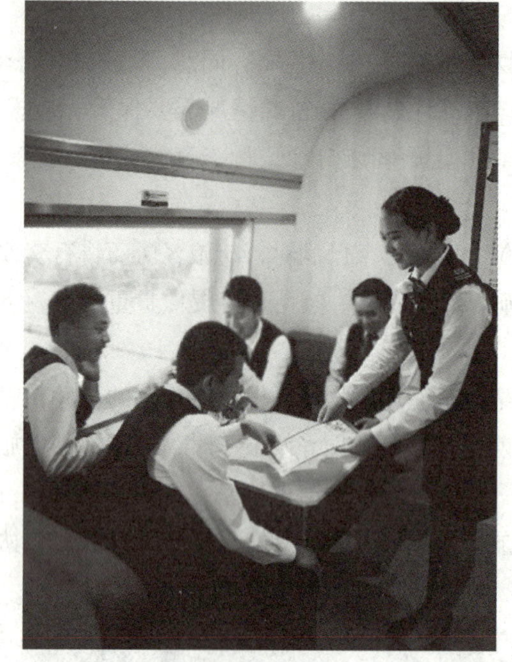

图3-10 提供餐食服务模拟

（1）旅客预订的特殊餐食要优先提供。

（2）用委婉的语言提醒前排旅客调直座椅靠背，以方便后排旅客用餐。

（3）为特殊旅客（老人、盲人等行动不便的旅客）提供餐食服务时，要征求旅客意见，在征得其同意后，帮助其打开餐盒。

（4）为旅客冲泡热饮，须同时送上纸巾或湿纸巾。

（5）为旅客提供餐饮服务时要主动协助旅客放下或取出小桌板。

（6）乘务人员为旅客送热饮时要提醒旅客小心烫手。

（7）有旅客在餐饮服务时提出其他的需求，要尽可能及时满足。如当时无法满足，为了避免遗忘，可将旅客的需求、座位号记录下来并尽快给予满足。

（8）禁止将热饮或杂物从旅客头顶上方掠过，旁边旅客协助递送时须及时向提供帮助的旅客致谢。

（9）服务过程中时刻提醒旅客注意安全，阻止儿童在过道上玩耍。

（10）收餐时可在垃圾车的抽屉内准备一些餐巾纸和清洁袋以及干净的湿毛巾（随时擦拭旅客小桌板上的汤汁）。

(11)注意礼貌用语，对旅客提出的需求尽可能满足；确实无法满足时，委婉地向旅客说明原因，取得旅客的谅解。

(12)掌握好服务节奏，减少旅客等待的时间。

(13)列车变速运行时要固定好售货车内的物品，避免发出较大的声响。

学习笔记

(六)托盘使用礼仪

将左手托住盘底，五个手指分开，大拇指指向左肩，用五指和掌根部托住盘底(掌心不与盘底角接触)，使重心始终落在掌心或掌心稍里侧。平托于左胸前，位于二、三粒衣扣之间，左手臂自然弯曲90度。手肘离腰部约15厘米，右手手心向上扶住托盘边缘(防止特殊情况托盘脱落伤及旅客)。如图3-11所示。当托盘内无物品时，仍应保持正确托盘姿态行走，不可单手拎着行走。

图3-11 持托盘姿势

三、VIP、商务舱、观光舱客运服务礼仪

(一)送小毛巾服务礼仪

乘务员应在旅客上车前将小毛巾准备好，并保证小毛巾的干净

■ 学习笔记 ■

整洁。小毛巾湿度以拧不出水，温度以不烫手为标准，温度在40摄氏度左右。拧干后叠成卷状放入保温盒内，一次准备十条左右。VIP、观光舱(如图3-12所示)旅客基本入座后，应及时为其送上小毛巾；送小毛巾前要洗手，保持手部洁净。

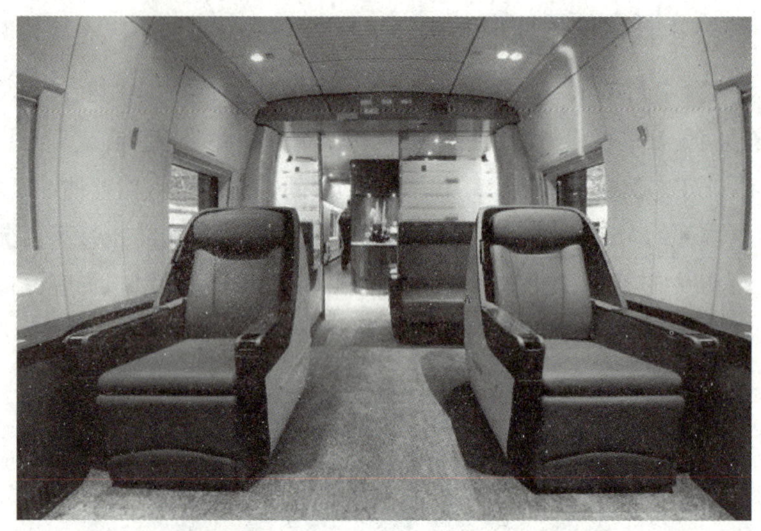

图3-12 观光舱

送小毛巾时，应使用毛巾托，再放入托盘内，每个托盘最多同时放五条小毛巾。送小毛巾应按照从前向后、先左后右、先里后外、先女士后男士的顺序依次服务。用语：“先生（女士）您好，请您用热毛巾净手。”递送小毛巾时，为右侧旅客服务时应使用右手服务，左手托盘；为左侧旅客服务时，应使用左手服务，右手托盘。

服务时，托盘位置应与上身腰部保持水平。为旅客递送时，应站在外侧座位0.5米、45度角位置，采用半蹲式蹲姿。如果旅客直接将毛巾拿走，应注意递送角度，旅客顺手拿取的位置（右胸前方30厘米处，为左边旅客递送时，毛巾托与身体垂直；为右边旅客递送时，毛巾托与身体平行）。如果旅客示意将毛巾托先放下，乘务人员应帮助旅客打开小桌板，把毛巾托放在小桌板中间位置，横向摆放，并以手势示意，用语：“您请。”

（二）送茶水服务礼仪

VIP及观光舱旅客基本入座后，5分钟内为其上茶水。送茶水应按照从前向后、先左后右、先里后外、先女士后男士的顺序依次服务。

送茶水时应使用托盘，一次最多放 5 杯茶水。茶水倒入杯子 7 分满位置。茶水需保持一定的温度，严禁提供“温吞水”。茶具应保持洁净，无手印。

送茶水时使用卫生洁净的托盘，为旅客递送时，应站在外侧座位 0.5 米、45 度角位置，采用半蹲式蹲姿。

使用水晶杯时，应拿杯子的下三分之一处。乘务人员应帮助乘客打开小桌板，把杯子放在小桌板凹槽处。

使用带杯把的杯子时，杯把的方向应朝向乘客右手边 45 度的位置，方便乘客拿取。放稳后，并以手势示意，用语：“先生（女士）您好，您请用热茶，小心烫！”递送茶水，为右侧旅客服务时，应使用右手服务，左手托盘；为左侧旅客服务时，应使用左手服务，右手托盘。服务时，托盘位置应与上身腰部保持水平。如图 3–13 所示。

学习笔记

图3–13 递送茶水

（三）提供餐食饮品服务礼仪

餐前询问时应按照从前向后、先左后右、先里后外、先女士后男士的顺序依次询问，并将旅客需求准确记录。为旅客提供餐食饮品前，乘务员应保证仪容仪表的整洁并佩戴好围裙，清洁双手。乘务员送餐食饮

■ 学习笔记 ■

品时应使用托盘，先给有预订的乘客提供，用语："女士（先生）您好，这是根据您的需要我们为您准备的 ××，请您慢用。"

人数较多的车厢使用航空车，按小号至大号的座位顺序为乘客提供餐食。

送餐食饮品时需同时送上餐巾纸或湿纸巾，送热食及热饮时要用双手递送，提醒旅客小心烫手。递送饮品时，应拿杯子的下三分之一处；使用玻璃器皿时，应使用餐巾纸拿取，避免留下手印。斟倒饮品时，白开水、咖啡、茶水倒入杯子的 7 分满，果汁倒 6 分满。

如乘客正在休息，应贴上休息卡，旅客醒来后及时提供餐饮服务，并揭下休息卡。询问旅客是否需要餐食和饮料，并确保热食的温度。如有旅客在餐食服务时提出其他的需求，要尽可能及时满足。如当时无法满足，为了避免遗忘，要将旅客的需求、座位号记录，并尽快提供。确实无法满足时应委婉向旅客说明原因，取得旅客的谅解。

为 VIP、观光舱及包房客人送餐前询问餐食时，应在外侧座位 45 度角位置，距旅客 0.5 米处轻声问好，用语："女士（先生）你好。" 10 度鞠躬示意，慢速蹲下（靠近旅客一侧腿低），注意蹲下时腿部接近旅客，上身与旅客保持 0.5 米距离（距离不合适时，用上身微调整），略仰视，目光柔和，用语："我们列车现在为您提供餐食服务，品种有鸡肉米饭和意大利面条，请问您需要哪一种？"或"我们列车现在为您提供饮品服务，品种有现磨咖啡、红茶、果汁，请问您需要哪一种？"旅客回答后，用语："好的，我这就来。"慢速起身（略慢于蹲下时速度），目光与旅客有所交流，退小半步，直行离开。

为特殊乘客（老人、盲人等行动不便的乘客）提供餐食时，要征求乘客意见是否为其打开刀叉包。禁止将餐饮或服务备品从旅客头顶上方掠过，旁边旅客协助递送时需及时向旅客致谢。服务过程中需及时提醒旅客注意安全，阻止儿童在过道上或座椅上玩耍，并掌握好服务节奏，减少旅客等待时间。

（四）清理环境服务礼仪

用餐过程中，乘务员应主动巡视旅客的用餐情况，以便于及时为旅客提供周到的服务，及时清理旅客用完的餐具及桌面杂物。

清理桌面时应使用礼貌用语，如："先生（女士）您好，您还需要 ×× 吗？"如不需要，用语："我能帮您清理一下吗？"如需要，用语：

“好的，打扰您了。”收取的餐具及杂物应放在托盘后方离近自己身体一边。

■ 学习笔记 ■

（五）提供报刊服务礼仪

（1）报纸按规定折叠整齐，露出报头位置。准备 10 份完整的中文报纸和 2 份英文报纸。保证每个报刊栏内的报刊份数充足，摆放整齐。避免发放过期报刊。递送报刊时按从前向后、先左后右、先里后外、先女士后男士的顺序依次为乘客提供报刊。

（2）递送报刊时，以报刊左下角为轴，展成扇面，每本距离 5 厘米，左手四指在前，一指在后，以小臂支撑，肘部略弯，拿稳报刊，展示高度略低于旅客视线，主动询问旅客（在旅客外侧 0.5 米、45 度角位置），介绍报刊品种。注意旅客身份国籍，及时提供英文报刊。

（3）旅客要第一份或者最后一份报刊时，拿取手法可直接拿取报刊右侧上 1/3 处，防止报刊松垮。如旅客要中间的一份时，拿取手法为四指并齐，认真从报刊的右上角捋至左上角，保证报刊平整再从左上角捋回右上角，同时向右侧抽出，反手拿取报刊右侧上 1/3 处递送旅客，用语：“先生（女士）您好，现在我们列车正在提供报刊服务，请问您需要哪一种？”报刊递送字面正向垂直送与旅客。

（4）为旅客递送报刊时，如遇到一排旅客睡觉无应答，乘务员可将报刊插在座椅口袋内各一份，供旅客醒后阅读。切记发完报刊后勤洗手，避免污染其他物品。

（六）提供拖鞋服务礼仪

乘务员需用手发送拖鞋，禁止将拖鞋插于前排座椅口袋内，禁止用大、小托盘送拖鞋。为 VIP、观光舱及包房客人送拖鞋时一次拿 1 双，为商务舱旅客送拖鞋时最多一次拿 4 双。

在提供拖鞋时，应询问旅客是否需马上换拖鞋，询问时应站在旅客外侧轻声询问，用语：“女士（先生）你好，您需要更换拖鞋吗？”如暂不需要，可收回，随时观察旅客需求，适时为旅客提供。送拖鞋时需要帮助客人打开。乘务员应慢速蹲下，将拖鞋打开，包装袋叠好放一边，用手分别撑开拖鞋鞋面，右手将拖鞋合齐在一水平面，左手托住鞋底，正向朝向旅客一次放入规定位置（拖鞋外沿与座椅外侧扶手边缘对齐，摆放在旅客脚边）。用语：“拖鞋为您准备好了，您请！”为里面座

■ 学习笔记 ■

位的旅客送拖鞋时应采用半蹲式蹲姿，把拖鞋包装袋打开叠好放在一边，然后采用半蹲式蹲姿递送，递送时应低于外侧旅客腰部位置，鞋底相对，鞋面朝向旅客，正面递送。离开时起身要与旅客眼神交流。

（七）提供毛毯服务礼仪

乘务员在为旅客提供毛毯时应提前检查毛毯是否干净整洁并叠放平整，叠放时注意应方便打开，防止在旅客身边多次翻动毛毯。

在车内行走时，应用左手托住毛毯，五指不得外漏，叠放平整一面面向旅客，logo 标识朝上。询问乘客时站在乘客外侧，音量适中，语气温和，用语：“先生（女士）您好，您需要毛毯吗？”盖毛毯时，毛毯 logo 标识朝上，从旅客腿部往上将毛毯盖到腰腹部为宜，毛毯上部下折 10 厘米，动作轻缓，避免打扰到旅客休息。旅客可根据需要自行拉至肩部。乘务员应根据车厢温度、旅客状态（如旅客睡着或重点旅客）主动为旅客盖上毛毯。为旅客盖毛毯时应注意与旅客脸部保持距离，可将头部向外侧倾斜（不与旅客头部在一条直线上）。

（八）到站提示服务礼仪

乘务员应在列车到站前 15 分钟向旅客做到站提示，应站在旅客外侧，面带微笑，音量适中，提示时间准确，先鞠躬，后说话：“先生（女士），列车即将到达您的目的地，到达时间是 ×× 点 ×× 分，×× 地面温度为 ×× 摄氏度，请您带好自己的随身物品准备下车。”

四、动车组列车常用客运场景服务技巧

（一）补票工作技巧

车票是旅客乘车的凭证，是铁路部门与旅客的运输合同，也是铁路部门盛情相邀的“请柬”。查票前要事先做好广播宣传或口头宣传：“旅客们，现在开始查验车票，请大家把车票准备好，谢谢！”要在提醒当中传递着一份善解人意的关怀。

查票的时机要在适当时候，以免影响旅客休息。注意查票时的语言，要亲切礼貌，“请”字当头，如“请出示您的车票”“请收好您的车票，

谢谢”。切忌用“查票啦，把车票拿出来”“为什么不买票”“补票去”等生硬、冷漠的话语。

在查票时往往会碰上不理不睬、不配合的旅客。无论出于什么原因，都不能计较，可略提高音量，态度和蔼地说：“先生（女士），请出示您的车票，如果您没来得及买票，可以办理补票手续。”只要据理说事，态度和蔼，大部分旅客是会积极配合的。

切不可有“终于让我逮到你了”的心态，得理不让人。要有理说理，就事论事，绝不能把话题引向旅客的品格、修养上，进行人身攻击。如图 3-14 所示。

学习笔记

图3-14 查票

（二）旅客车票座位号码重号的处理技巧

（1）遇到车票座位号码重号的旅客，应认真核对两位旅客的车票，如果确认两张车票座位号码重号，应先向旅客致歉，听取两名旅客的意见，观察哪一名旅客有想要调换其他座位的意向。

（2）乘务人员应及时将情况报告列车长，列车长根据旅客人数判断同等级车厢是否有空座，尽快安排旅客就座，并委婉告诉旅客如果有空座的话，会协助调整到其他座位，不要让旅客自行在车厢内找空位就座，以免造成新的问题。

（3）如处理问题需要较长的时间，乘务人员可以帮助其中一位持重号车票的旅客提拿行李，到乘务员室内稍加等候，等全部旅客上车后，

协助旅客选择相同等级的空余座位入座。

（三）避免二等座旅客打扰一等座旅客的处理技巧

（1）一等座车厢乘务人员应随时监控车厢情况，防止无关人员进入。

（2）发现二等座旅客就座一等座时，可以友善地询问："请问，您是想办理升级手续吗？"处理过程中尽量不要影响一等座旅客休息。

（3）有一等座旅客就座时，应委婉阻止其他旅客在一等座车厢拍照或参观；无一等座旅客就座的情况下，乘务人员可让二等座旅客在一等座车厢做短暂停留，在此过程中须灵活掌握时机，提示二等座旅客及时回原座位就座。

（四）乘务人员损坏或弄脏旅客衣物的处理技巧

（1）当乘务人员在服务过程中，由于自身或其他原因损坏或弄脏旅客的衣物时，应马上向旅客致歉（语言要亲切，语气要充满关心），尽量帮助旅客做整理、清洗等弥补工作，将损失降到最低。

（2）对于弄脏的衣物，乘务人员应主动提出帮助旅客清洗，如果在车上无法清洗，应将旅客的联络方式留下，待衣物清洗干净后，以邮寄等方式送还旅客。

（3）对于损坏程度较大，需要赔偿的衣物，应酌情给予赔偿（尽量平息旅客的怒气，以尽快解决问题为首要原则）。一般情况下，由列车所属单位承担赔偿费用，如果是乘务人员故意损坏或弄脏旅客衣物，则由乘务人员承担赔偿费用。

（4）如衣物的损坏或弄脏是由不可抗拒的原因引起的，列车所属单位也应给予旅客适当的补偿，以体现铁路部门对旅客的关心。

（五）餐车的服务没有满足旅客的需求，引起旅客投诉时的处理技巧

餐车上的盒饭都是冷藏的，当客流量较大时，餐服员应提前加热部分盒饭，尽量避免在用餐高峰期让旅客排长队。如旅客强烈不满，其他乘务人员应积极配合，耐心解释，安抚旅客情绪。不要当着全体旅客的面处理旅客的投诉，尽量把旅客请到车厢连接处，认真倾听旅客意见（让

旅客说出意见，发泄出情绪，也是缓解旅客不满意的一种方法），再向其解释道歉。

（六）在车厢遇有旅客接听手机声音较大、使用计算机时声音较大或大声说话时的处理技巧

乘务人员要走到旅客旁边，劝旅客尽量降低接听手机时的声音或到车厢连接处接听手机；用婉转的语言劝使用计算机的旅客戴上耳机或把计算机音量调小；建议旅客说话时要音量适当，尽量不对其他旅客造成影响。

【考核评价】

一、自我评价

1. 自我考核

分述高速铁路车站岗位服务礼仪标准、动车组列车客运服务礼仪、重点旅客服务礼仪、常用客运服务技巧。

2. 自我评价

自我评价详见下表，共计 40 分。

自我评价

序号	评价内容	得分	亮点
1	课前知识查阅，调研作业完成情况		
2	课前、课中与人沟通协作表现		
3	高速铁路车站岗位服务礼仪标准、动车组列车客运服务礼仪、重点旅客服务礼仪、常用客运服务技巧掌握情况		
4	课前、课中学习态度表现		

二、小组（同学）评价

小组（同学）评价详见下表，共计 30 分。

■ 学习笔记 ■

小组（同学）评价

序号	评价内容	得分	亮点
1	课中学习态度表现		
2	课中与人沟通协作表现		
3	高速铁路车站岗位服务礼仪标准、动车组列车客运服务礼仪、重点旅客服务礼仪、常用客运服务技巧掌握情况		

三、教师评价

教师评价详见下表，共计30分。

教师评价

序号	评价内容	得分	亮点
1	课前知识查阅，调研作业完成情况		
2	课中参与、协作情况		
3	掌握高速铁路车站岗位服务礼仪标准、动车组列车客运服务礼仪、重点旅客服务礼仪、常用客运服务技巧等知识效果		

教师建议：

项目四

城市轨道交通客运服务礼仪

任务一　城市轨道交通客运服务的基本要求

【能力目标】

能了解城市轨道交通的基本客运服务理念，能掌握城市轨道交通客运服务礼仪的具体要求，能掌握城市轨道交通客运工作程序。

【知识目标】

城市轨道交通客运服务理念；城市轨道交通客运服务礼仪的细则；城市轨道交通客运工作的程序。

【任务提出】

要掌握城市轨道交通客运服务的基本要求，就要了解城市轨道交通的客运服务理念，掌握城市轨道交通客运服务工作的程序。

■ 学习笔记 ■

一、城市轨道交通客运服务理念

（一）城市轨道交通客运服务方针

以人为本，乘客至上，关注细节，服务大众。

（二）城市轨道交通客运服务目标

（1）安全行车准点化：在各车站出入口公布首末班车时刻，并保证首班车不晚点，末班车不早点。

（2）服务监督透明化：在车站公示服务标准、站长工号和监督电话。

（3）服务热线公开化：城市轨道交通服务热线全时段开通，乘客对运营服务的投诉须在规定的工作日内回复。

（4）员工服务规范化：工作人员着装整齐，佩戴标志统一规范。接待乘客讲普通话，使用文明用语。

（5）乘车环境整洁化：车站通道无堵塞，地面墙面无污渍，设备设施无油渍，列车车厢无明显杂物。

（6）应急处理贴心化：因城市轨道交通企业的原因或其他特殊情况导致列车晚点 15 分钟以上，应在列车、车站进行广播致歉。

（三）重点岗位服务规范

（1）具有良好的道德观念、道德情操和道德风尚，能够自觉运用道德规范约束自己的行为，做好服务工作。

（2）面对乘客服务时，要立正，面带微笑，表情自然，主动问候，常用十字用语：您好、请、谢谢、对不起、再见。严格执行“一米微笑、一声问候、一句道别”的“三个一”服务。

（3）员工乘坐地铁应主动出示员工卡，遇到突发事件，应协助当值人员采取紧急处理措施，必要时要协助车站维持乘车秩序，确保行车安全，主动维护公司形象和声誉。

（4）员工要精通本职业务，熟悉本岗位的作业标准、作业流程及与其他岗位的衔接规定，具备良好的沟通能力、语言表达能力、协调能力和自我调节能力，定期接受培训，不断提高自身业务水平和服务能力。

（5）除基本的岗位技能外，还要熟知公司各项客运管理制度、相关法律法规、车站周边地理及人文情况等，最大限度为乘客提供优质服务。

（6）按照“首问责任制”的服务要求，第一个接受乘客咨询或要求的人，就是解决咨询问题和满足要求的“首问责任者”，对于确实解决不了、解释不了或不属于本岗位管辖的问题，应耐心向乘客说明情况，并及时报告上级领导进行沟通，使问题得到解决或给出明确的答复。

学习笔记

二、城市轨道交通客运服务仪容仪表要求

（一）着装基本要求

（1）着装及配饰要求为：标准工作时间内，员工一律穿着工装制服；上岗期间肩章、工牌、帽子、领带、头花等配饰要佩戴齐全。

（2）夏季着装及佩戴标志的标准为每年 6 月 1 日至 9 月 30 日，员工着夏装（具体时间根据当地的具体情况而定）。

（3）春秋季着装及佩戴标志的标准为每年 10 月 1 日至 11 月 15 日及 3 月 16 日至 5 月 31 日，员工着春秋装（具体时间根据当地的具体情况而定）。

（4）冬季着装及佩戴标志的标准为每年 11 月 16 日至次年 3 月 15 日起，员工着冬装（具体时间根据当地的具体情况而定）。

（5）工装要求。

① 工装要保持干净、整洁，无污渍。

② 防寒服和女士春秋装拉锁须拉至颈部，禁止袒胸露怀。

③ 严禁在工服里穿超过工服领口、堆领、带有帽子的衣服。

④ 着装严禁出现里长外短的现象，不得露出工装以外的衣服。

⑤ 鞋：必须穿深色正装皮鞋，不得穿球鞋、凉鞋、拖鞋、旅游鞋、布鞋、休闲鞋及高于 5 厘米的高跟鞋等不符合服务行业形象的鞋。皮鞋要保持光亮、无破损，鞋面不得有污点。

⑥ 女性员工穿裙装时，着船鞋，原则上穿肉色长筒丝袜（礼仪活动时必须着肉色长筒丝袜），不得穿其他颜色的长筒袜、短袜、网格袜等。

⑦ 工牌、党 / 团徽佩戴：工牌佩戴在左胸上方，男士工牌的下端应与左胸的口袋上口平齐，佩戴的工牌应端正，不能歪斜。党 / 团徽佩戴于工牌上地铁标示的正上方，其下沿距工牌上沿 5 毫米。

⑧ 未发工装岗位员工：各岗位员工在工装尚未下发前进行工作的，

■ 学习笔记 ■

夏季时着白衬衣（职业装）、深色正装裤子；春秋季时着深色正装外套；冬季时着黑色防寒服，不允许穿着其他颜色的衣服上岗；佩戴临时员工证。

⑨ 班次内严禁行为：严禁不同季节服装混穿，工装与便装混穿；严禁着短裤、背心、无袖衫、超短裙、露脐装或其他暴露的衣物；严禁出现工服错扣、缺扣、少扣、不扣现象；严禁出现披衣、敞胸露怀，文身，立领，挽袖、挽裤腿的现象；严禁歪戴帽，在腰带上挂钥匙、手机、饰品，在工作证的绳带及扣锁上悬挂钥匙、笔等物品；严禁在口袋中放入手机、平板电脑、MP3 等与工作无关的电子产品，口袋内物品不得露出口袋上沿；严禁在岗期间佩戴口罩、围巾、护耳、非工装帽等用具；严禁在岗期间出现打电话、玩游戏、听音乐、看杂志、嚼口香糖、吃零食、扎堆聊天、窜岗、空岗、吸烟等现象。

（二）仪容修饰具体要求

（1）仪容礼仪：男士不得化妆，不得在面部任何部位打孔，鼻毛不得外露；女士化妆不得浓妆艳抹，不得在面部任何部位打孔。

（2）头发：男性员工头型轮廓分明，短发，不能剃光头，不可留长发、烫发，不可染除本色以外的其他夸张颜色的头发，两侧鬓角不长于耳部的 2/3，男士所有发型必须保证露出耳朵。女性员工长发要束起，所有头发能扎起来的必须佩戴头花，两侧及前额残留余发应用黑色发卡进行整理；不能扎起的头发必须保持整洁，应用黑色发卡将耳部头发夹起，必须保证露出耳朵；不得染夸张、怪异的颜色。

（3）戴帽：男士戴帽时，帽檐下不得露出头发，帽后头发不得盖住衣领，必须保证露出耳朵；不戴帽子时，前端头发必须在眉毛 1 厘米之上，后端头发不得盖住衣领。女士戴帽后，前额不得露出头发，要求必须保证露出额头和耳朵；不得佩戴压发圈及其他头饰；不戴帽子时，前端头发必须在眉毛之上 1 厘米。

（4）眼镜：男 / 女如需佩戴眼镜，一律佩戴无框或非时装镜框（不得夸张）眼镜上岗。佩戴近视眼镜时，应保持镜片的清洁，使之无污迹。佩戴隐形眼镜时，镜片颜色不能为彩色。

（5）耳朵：男士不得佩戴耳钉、耳环；女士最多佩戴一副耳钉，直径小于 5 毫米，戴于耳垂部。

（6）胡须：男性员工上岗前保持面部整洁，不得留胡须。

（7）颈部：男/女项链应佩戴在衣领内，不可外露。

（8）首饰：男性员工上班时不得佩戴手（脚）链、手环、装饰性手表及夸张性首饰；指甲修剪整洁，无污渍；戒指只允许佩戴一枚，戒指最宽处不得超过5毫米。

女性员工上班时不得佩戴脚链、夸张性首饰及装饰性手表；指甲修剪整洁，无污渍，禁止指甲过长；不得涂透明或者接近肤色以外颜色的指甲油，不得在指甲上粘贴装饰性物品；戒指只允许佩戴一枚，戒指最宽处不得超过5毫米。

■ 学习笔记 ■

地面、高架站员工冬季在站台接发车时可佩戴黑色手套。

三、城市轨道交通客运工作程序

（一）开站作业组织程序

（1）线路出清。4:30之前确认所有施工作业已注销，4:30—5:00测试道岔、屏蔽门，5:10之前向行车调度报告线路情况。

（2）车站服务设施的设置。车站在首班车到达本站前30分钟完成自动售票机、自动扶梯、照明等服务设备、设施的开启，在首班车到达本站前10分钟开放出入口、闸机。

（3）车站人员安排。车站各岗位人员在首班车到达本站前10分钟到岗。

（4）广播工作。车站在首班车到达本站前10分钟播放开站广播3~5遍。开站广播词：尊敬的乘客您好，欢迎乘坐城市轨道交通××号线，祝您乘车愉快！

（二）关站作业组织程序

（1）车站服务设施的设置。

为了保证上、下行乘客均能乘坐上末班车，关站时间应以后序到达本站的列车时间为准，某方向最后一班列车到达本站前10分钟，将“××方向停止售票”的提示牌放置于自动售票机前；最后一班列车到达车站前10分钟，车站统一将自动售票机设置为“退出服务”模式；最后一班下行列车到达前5~8分钟，关闭单向进站闸机，取消双向闸机的进站模式，进站闸机处安排人员进行拦截与疏导，避免造成乘客买票后或进闸后无法乘车的情况发生。

■ 学习笔记 ■

（2）车站人员安排。

各站上、下行末班车到达本站前 10 分钟，客运值班员必须到出入口或站厅进行有效巡视，并对进站乘坐末班车的乘客进行提示，避免乘客因进站过晚而无法搭乘末班车，同时对从末班车下车的乘客进行疏导，指引下车乘客尽快出站。

末班车离开本站 5 分钟以后，车站员工要全面检查一遍车站，确认无乘客以后，告知车站保安开始关闭车站大门。

（3）广播工作。

①换乘线路末班车广播。除本线路外的其他线路上、下行方向末班车的前一班次列车分别离站起，至末班车分别发车前，这一时段播放以下人工广播 3~5 遍："前往 ×× 号线的乘客请注意，需要通过 ×× 站换乘 ×× 号线 ×× 方向的最后一班列车即将到达，请您及时到达站台候车，祝您乘车愉快！"

②本线路末班车广播。本线路上、下行末班车到站前 5 分钟，以 1 分钟为间隔反复播放以下末班车广播："开往 ×× 方向的列车已经停止售票，最后一班列车即将到达，请您及时到达站台候车，祝您乘车愉快！"

③运营结束广播。上行或下行最后一班列车驶离本站后，以 1 分钟为间隔反复播报以下运营结束广播："开往 ×× 方向的最后一班列车已通过本站，前往该方向的乘客请您选择其他交通工具，谢谢合作。"

④关站广播。本线路最后一班车驶离车站后，以 1 分钟为间隔反复播放以下即将关站广播："尊敬的乘客您好，本站今日运营已结束，车站即将关闭，请您尽快出站，谢谢合作，欢迎再次乘坐城市轨道交通 ×× 号线！"

任务二　城市轨道交通车站服务的基本内容

【能力目标】

掌握车站乘客事务处理的程序及要求，掌握车站客运服务相关业务的管理，根据站厅服务要求完成相关服务项目，根据站台服务要求完成相关服务项目。

【知识目标】

车站乘客事务处理的程序及要求；车站客运服务相关业务的管理；站厅服务岗位工作流程；站台服务岗位工作流程。

【任务提出】

本任务要求学员通过学习，掌握车站服务的基本要求，并且能正确处理各种情况。

学习笔记

一、车站乘客事务处理程序及要求

（一）车站乘客事务处理原则

（1）以礼为先，客观、公平、公正地处理乘客事务。

（2）顾全大局，处理乘客事务时尽量减少对其他乘客的影响，遇复杂事件或乘客意见较大的情况，尽量带乘客到客流较少的区域或会议室处理。

（二）车站乘客投诉处理

1. 投诉处理原则

（1）乘客投诉的调查处理工作要及时、客观、公正。

（2）处理乘客投诉按“四不放过”原则，即：投诉原因分析不清不放过，责任人和其他员工没有受到教育不放过，没有制订防范整改措施不放过，领导责任没有追究不放过。

2. 现场投诉处理

（1）值班站长在处理投诉时要做到易人、易地、易事，防止激发

■ 学习笔记 ■

矛盾。值班站长在处理投诉时要做好笔录和保留乘客资料，按要求上报相关资料。

（2）其他员工在值班站长处理投诉时不得干扰值班站长，不得当场与乘客争辩。

3. 服务总台投诉处理

（1）涉及总部其他部门的事务，由服务总台按需要填写“服务总台事务处理单”转发到相关部门。

（2）涉及总部外的乘客投诉调查，由服务总台上报营销调控部界定并转发相关部门调查。

（3）一般情况下协助调查的部门必须在接到处理单后 72 小时内将调查结果反馈给服务总台。

（4）当出现相关部门不能按期答复解决的情况时，由营销调控部逐级向上级反映。

（5）服务总台在接到事务的七天内回复乘客。

（6）对于整个事件的处理调查经过，服务总台经办人员必须按规定记录在相应的记录本及电脑内。

4. 车站服务人员处理投诉的基本流程

（1）员工在接到投诉信息后，必须第一时间处理。如果当事人无法处理，应立即通知上级，相关人员接到信息后，必须在 2 分钟内到场处理投诉事务。

（2）员工在接到建议信息后，必须第一时间对乘客表示感谢，并做好记录，在短时间内向上级汇报该建议信息。

（3）员工在接到咨询信息后，必须第一时间给予解答。如果当事人无法解答，应立即通知上级，相关人员接到信息后，必须在 2 分钟内到场解答乘客咨询。

（4）员工在接到表扬信息后，必须第一时间对乘客表示感谢，并做好记录，在短时间内向上级汇报该表扬信息。

（5）对于车站能够及时给予答复和解释的，应及时向乘客进行答复和解释；对于不能马上答复的，应留下乘客的相关资料，填写“车站乘客事务处理台账”。

（6）对于仅涉及客运营销中心的事务，由客运营销中心负责调查、回复；对于涉及其他部门（中心）的事务，应转发至服务总台，由服务总台调查、回复。

■ 学习笔记 ■

（三）执法

1. 执法要求

（1）严格按照相关法律法规执法，公平公正、不偏不倚。

（2）文明礼貌执法，尽量减轻乘客不满，执法时遇乘客意见较大或表示要投诉等情况需及时向服务总台报备。

（3）执法时应对乘客的疑问、不满进行耐心的解释，应避免涉及与执法事件本身无关的言论。

2. 执法语言

（1）在要求乘客出示车票时，应说："先生（女士），您好，请出示您所使用的车票。"检查结束时，应说："多谢合作……谢谢。"

（2）乘客出现态度异常时，为减少给其他乘客造成的不便，应尽量远离公众场合，并向乘客耐心解释企业规定："先生（女士），请到这边来，请慢慢讲……根据《地下铁道管理条例》第 ×× 条规定……先生（女士），请您配合我们的工作。"

（3）要求乘客补票时可以向乘客解释："您好，根据《地下铁道管理条例》第 ×× 条规定，我们将对您做出补票处理，请您配合。"

（4）按法定程序实施处罚时，应说："先生（女士），您已违反《地下铁道管理条例》第 ×× 条规定，我们将按相关规定和法定程序对您实施处罚，请您配合。"

（5）在做询问笔录时，应说："您好！现就 ×× 问题向您进行询问。"询问笔录做好后，应说："先生（女士），请您在笔录上签名，谢谢。"

（6）在要对当事人相关物品进行保存时，应说："先生（女士），根据规定，我们要对您 ×× 物品依法进行保存，请核对物品情况，如核对无误，请签字。"

（7）在向当事人当场收缴罚款时，应说："先生（女士），请您缴纳 ×× 元罚款。谢谢配合。"

（8）将处罚决定书交给乘客时，应说："如果您对处罚决定不服，可以在接到本决定书次日起 60 日内向城市建设委员会申请复议或在 3

个月内向人民法院提起诉讼。在复议或诉讼期间，不停止本决定的执行。”

■ 学习笔记 ■

二、车站客运服务相关业务管理

（一）乘客遗失物品的管理

1. 职责

（1）车站站长负责对车站遗失物品进行登记、编号、认领、保管及移交等工作。

（2）车务中心综合管理室客运管理负责人负责与派出所联系处理乘客未认领的遗失物品。

（3）车务中心经理有权对移交后、保存期满的遗失物品进行处理。

2. 遗失物品处理流程

遗失物品处理流程见表4–1。

表4–1 遗失物品处理流程

负责人	流程	备注
车站站长	车站站长对遗失物品进行编号，记录于车站遗失物品登记和认领表上	按照遗失物品编号及记录填写要求进行
	遇有线索的遗失物品应及时联系驻站派出所查找失主。对于没有线索的遗失物品，车站应当妥善保管（除危险品），并将遗失物品招领信息张贴在车站乘客信息栏或公告栏内	张贴遗失物品招领信息，要求平整、无翘角。如有乘客认领，及时摘下
	若张贴期限内无人认领，则摘下张贴信息，按照不同类型物品进行处理。车站站长对遗失物品有保管权，但不得私自挪用、借用、损毁遗失物品，如发现遗失物品有损坏、丢失等情况，应及时向车务中心综合管理室客运管理负责人报备	遗失物品如需保存，应妥善放置，避免除站长外的其他员工随意触碰
	每季度第一周，各中心站将车站保管期满的遗失物品交至综合管理室客运管理负责人处	移交时使用口取纸将遗失物品编号，张贴在物品的明显处，便于识别和确认
综合管理室客运管理负责人	客运管理负责人负责与移交派出所联系，处理乘客未认领的遗失物品	对于派出所授权的可以自行处理的物品，由车务中心经理签字后进行处理

■ 学习笔记 ■

续表

负责人	流程	备注
车站员工	若乘客物品是在本站丢失，由车站及时为乘客寻找失物	若乘客物品不是在本站丢失，应及时联系丢失物品的车站
	乘客询问、认领遗失物品	（1）按照乘客所述信息，在车站遗失物品登记和认领表中，查找对应失物。 （2）核对乘客身份、失物特征，如信息相符，与乘客进行失物移交，并填写遗失物品登记和认领表。 （3）失物处理办法和保存期限见表4-2

表4-2 失物处理办法和保存期限

类型	保存期限	处理过程	招领信息张贴期限	备注
常规性物品（衣物、书籍、证件、资料等）	3个月	车站保存，期满后交综合管理室	7天	
易腐、易变质物品（食物）	1天	期满无人认领，车站可自行处理	1天	注：若易腐、易变质物品带有较贵重包装（有再用价值，如器皿等），则该包装需按常规性物品处理
违禁品及危险品	及时处理（需报中心站长）	马上上报驻站民警，配合、协助其进行处理		

（二）扶梯管理

1. 扶梯

定义：设置在中间站的连接出入口与站厅或连接站厅与站台的自动扶梯，以及设置在岛式终点站的连接站厅与站台的自动扶梯。如图4-1所示。

■ 学习笔记 ■

图4-1　扶梯

2. 使用管理

（1）开始运转之前。

① 检查扶梯踏板、扶手带、梳齿板、毛刷，除去夹在里面的碎纸、小石子、口香糖等杂物。

② 确认自动扶梯周围的安全措施（安全警示牌、检验合格证）有无破损等异状。

（2）开始运转时。

① 确认自动扶梯周围或扶梯踏板上没人时，按照自动扶梯开启操作规定进行开启。

② 开启后确认扶梯踏板和扶手带是否正常工作。如有异常声响或振动，要立即按动紧急停止按钮，停止自动扶梯。

（3）停止运转时。

① 在停止自动扶梯之前，需要确认有无发生异常声音或振动。如有问题应立即关停自动扶梯。

② 准备关停扶梯之前，不要让乘客及工作人员进入自动扶梯的乘梯口。

③ 运营结束以后，要认真检查扶梯踏板、扶手带、梳齿板并将异物清除。

④ 在自动扶梯停止运转以后，要用栅栏挡住乘梯口，防止乘客将停用中的自动扶梯当楼梯用。

（4）转换运行方向时。

① 在确认扶梯踏板上无人后，再利用停止开关停止运行。

② 转换运行方向，由车站具体负责，并做好相关提示，防止乘客习惯性走入调整后的电梯不适应而摔伤。如在自动扶梯上发生跌倒等紧急情况时，用力按动乘梯口的紧急停止按钮。发生紧急情况而需要紧急停止时，应在停止之前通知乘客，以防止乘客跌倒受伤。

③ 在重新开启自动扶梯之前，要确认造成紧急情况的原因，并予以排除。如有异常情况及不明原因，不要开启电梯，应及时通知维修人员进行维修。

学习笔记

3. 注意事项

① 要使用自动扶梯紧急停止按钮，需要事先通知乘客。在紧急状态下不得不进行操作时，要大声疾呼告知乘客："自动扶梯紧急停止，请抓住扶手带！"之后，再进行操作。

② 有乘客在自动扶梯上时，严禁启动自动扶梯。

（三）便民雨伞租借

1. 便民雨伞租借流程

（1）雨伞上架率为100%，车站必须保证借出的雨伞可以正常使用。

（2）雨天由车站值班站长负责安排站务人员进行便民雨伞的租借工作。雨伞架钥匙需使用时，由借用人办理钥匙借用手续，并在钥匙登记本上做好记录。

（3）各站办理乘客租借雨伞时，收取乘客雨伞押金20元，填写一式二联的收据，加盖车站公章。第一联由借出车站留存，第二联交乘客。

（4）乘客在借伞后15天内可选择在任一车站进行还伞。乘客还伞时，车站将第二联收据和雨伞回收，并退乘客20元押金。无论雨伞破损到何种程度，均退还押金。

2. 日常管理

（1）各站配发的便民雨伞必须存放在上锁的房间，按箱加封，由车站的值班站长进行接收、保管、交接。

（2）各站配备的雨伞架，安装在付费区内票亭附近的栏杆处，用铁链锁住防盗，原则上不得随意移动。

（3）雨伞架钥匙由值班站长进行交接、保管，雨伞架备用钥匙由值班站长与站长共同加封后由值班站长进行保管、交接。

（4）车站出现雨伞丢失或值班站长在交接班时发现账实不符情况

■ 学习笔记 ■

时，由车站组织调查，并由责任人按每把20元进行赔偿，并且在“车站便民雨伞租借情况记录表”上进行备注说明。

（5）各站每次办理租借、归还、上交、调配雨伞时必须填写“车站便民雨伞租借情况记录表”。

（6）各站每次办理租借雨伞时必须开具一式二联的“便民雨伞收据”。

（7）车站员工根据每班收到的雨伞押金逐条登记在“车站便民雨伞租借情况记录表”上，当班收到的押金数与当班开具的收据第二联对应，并将收据第二联与当天的记录表装订在一起。

（8）车站员工根据每班收到的雨伞退还押金，并根据回收的收据逐条登记在“车站便民雨伞租借情况记录表”上，所退款项与收到的第二联对应，并将收据第二联与当天的记录表装订在一起。

（9）每班值班站长根据雨伞数及记录表、收据数进行清点核对，无误后进行交班。交接班时需由交接双方值班站长在“车站便民雨伞租借情况记录表”上进行签名确认。

（10）当值班站长进行核对时发现账目不符或交接班时出现账实不符的情况时，由办理人与当班值班站长共同确认，在“车站便民雨伞租借情况记录表”上盖章确认，并由短款人直接进行补款。地铁站便民雨伞见图4-2。

图4-2 地铁站便民雨伞

（四）致歉卡管理

■ 学习笔记 ■

1. 职责

车站负责致歉卡的发放、回收、保管、盘点工作。

2. 日常管理

（1）致歉卡的配置：车站需做好致歉卡的配置计划，当致歉卡结存低于常规配置量的 30% 或车站认为有必要增加时，应及时向车务中心申领。

（2）致歉卡的保管：客运值班员提前预测单次配发数量，在部分致歉卡上加盖车站站印（不能全部盖上站印，以防紧急调配至他站），并按照每捆 50 张分捆盘点，整齐放置于车站票务室指定位置，不得随意堆放或疏于管理以致丢失。

（3）致歉卡的盘点：车站每月对本站致歉卡的使用情况、结存等进行盘点并填写“致歉卡盘点统计表”。

3. 发放条件

（1）地铁列车晚点 15 分钟及以上时，向受影响的时段、区段内的有申领需求的乘客发放。

（2）致歉卡原则上统一由乘客在目的地站出站时申领，以免乘客同时在出发车站、中间车站和目的地车站重复申领。

（3）若乘客要求退票改乘其他交通工具时，则在为其办理退票时，根据其要求，在出发车站一并发放致歉卡。

4. 发放管理

根据控制中心通报的列车晚点情况，预估列车晚点有可能达到 15 分钟及以上时，车站根据客流情况预测致歉卡的发放数量，提前将一定数量的致歉卡以捆为单位配置至客服中心。

客服站务员随时做好发放致歉卡的准备工作，一旦接到车站发放致歉卡的命令，及时在致歉卡上写明发放日期、线路、区段等信息，并向有需要的乘客发放。随着晚点的持续，若本次晚点所影响的时段、线路、区段等信息发生变化，车站要及时将最新信息传达至客服站务员。

发放致歉卡时，客服站务员应对乘客所持储值票或单程票进行分析，确保申领致歉卡的乘客是本次晚点所影响的指定时段和区段的乘客，以防其他乘客出于其他目的而冒领致歉卡。

发放致歉卡期间，车站应按照应急工作流程支援客服站务员的发放

■ 学习笔记 ■

工作，确保客流组织顺畅、致歉卡及时按需发放。

车站发放致歉卡期间，若排队申领致歉卡的乘客较多，出现车站客流拥挤、车站设备故障等影响乘客快速疏散的情况时，有关受影响的车站客服中心可无须分析乘客所持车票便发放致歉卡，以加快乘客疏散。

若有持单程票的乘客出闸机后再来申领致歉卡，原则上对该乘客的进站时间地点、票价等情况进行问讯，验证合理的可以发放致歉卡。

若本站的致歉卡结存数量不足，影响发放时，可按以下程序进行落实。

①联系站间调配；②当站间调配不能满足乘客的即时申领需求时，可登记乘客信息另约时间到站领取,或通知乘客拨打地铁运营服务热线，登录地铁集团官网、微信公众号、微博等进行补领。

晚点情况排除后，对于客服中心结存的致歉卡要及时放回票务室，填写“致歉卡使用记录表”，对发放数量、经办人员等进行登记。同时相关各站将本次发放致歉卡的情况及时通过车务中心汇总并通报至客运市场部和信息中心等部门。

对于已填写了发放日期的不能改日继续使用的致歉卡要封存，由车务中心季度盘点时予以登记销毁。

三、站厅服务礼仪

（一）票亭售票员岗位服务礼仪

1. 售票程序

岗位服务要求票亭售票员出售车票时应按“一收、二唱、三操作、四找零”的程序。

（1）收取乘客购票的票款。

（2）讲出票款金额，重复乘客要求的购票张数和车票类型，如未听清乘客的要求，应主动礼貌地询问。

（3）正确、迅速地操作售票机并完成找零。

① 检验钞票真伪，如钞票为伪钞，则要求乘客重新更换钞票。

② 在半自动售票机上选择相应功能键，处理钞票找零，清楚说出找回金额和车票张数，将车票和找回的零钱一起礼貌地交给乘客。

③ 当乘客要求分析车票时，应快速正确地用半自动售票机进行分

析，并将分析情况耐心地告诉乘客。为乘客充值前后要主动请乘客确认余额无误后，再做下一步操作。

④ 当票亭前出现较大客流（10 人以上排队并维持 3 分钟以上）时应电话通知值班站长或巡视岗，加派人手协助售票。

⑤ 售票员要领够车票、报表和硬币，在客流较小时把现金及硬币整理好，做好高峰时段的售票准备工作。

⑥ 交接班时，接班售票员须提前做好售票、兑零准备工作，交班售票员才可以终止售票、兑零工作，交接时间不超过 5 分钟，以尽可能减小对乘客服务的影响。

2. 标准服务用语

（1）乘客需要兑换硬币时，要清晰唱票："收您 ×× 元，找您 ×× 元。"硬币应垒成柱状交给乘客，不得散放，不得有丢、抛等动作。

（2）当找不开零钱时，应说："先生（女士），请问您有零钱吗？"或者说："对不起，我这里的零钱不够，请您稍等，好吗？"

（3）收到残币或假币时，应说："先生（女士），对不起，请您换一张钞票，好吗？"

（4）出售储值票时，应说："先生（女士），请确认面值。"乘客确认无误后，应说："先生（女士），请收好您的储值票。"

（5）乘客询问地铁票价，应耐心将票价规则向乘客做认真细致的讲解，绝对不可使用不耐烦的语句。

（6）乘客想购买双程票时，应说："先生（女士），对不起，地铁车站没有双程票出售，单程票只能在购票的车站当日使用。"

（7）乘客询问储值票能否多人同时使用时，应说："先生（女士），对不起，储值票只能 1 个人使用，不能多人同时使用。"

（8）乘客出站时发现出不了站时，应按不同情况，区别处理。

① 超程时用语："先生（女士），您好，您的车票已超程，请按规定补交超程车费 × 元。"

② 超时时用语："先生（女士），你好，您的车票已超时，请您按规定补交超时车费 × 元。"

（9）当票亭付费区、非付费区均有人时，须优先处理付费区乘客，此时应对非付费区乘客解释："先生（女士），对不起，请您稍等。"

（10）当乘客询问儿童是否需要买票时，应说："先生（女士），

■ 学习笔记 ■

您好，按照地铁规定，如果儿童没有超过1.2米，一位成年人可以免费携带一名儿童乘坐地铁，身高超过1.2米的儿童及超过一名以上的儿童需购买半票，1.5米以上的儿童须购买全票。”

（11）乘客问在哪购票时，应说：“如果您需要买单程票，请准备零钱或在此兑换零钱，然后到自动售票机处购买，储值票可在此购买。”

（12）乘客询问地铁××站的票价时，应说：“先生（女士），您好，您到××站的票价为×元。”

（13）收到乘客一张过期单程票时，应说：“先生（女士），单程票只能当天并在购票站乘坐地铁使用，您的车票已经过期，按规定这张车票需回收，假如您需要搭乘地铁，请您重新购买一张票，好吗？”

3. 票亭岗位服务技巧

（1）排队超过10人，并维持3分钟以上，请示值班站长增加人员进行售票和兑零。

（2）减少售票交接班对乘客服务的影响，可做如下工作。

① 交接班时间安排在车站非高峰期。

② 交接班前做好有关准备工作。

（3）售票员应预备充足的零钱和车票，掌握存量，及时通知值班员追加，保证售票和兑零工作顺畅。售票厅见图4-3。

图4-3　售票厅

■ 学习笔记 ■

（二）行车值班员岗位服务礼仪

1. 岗位服务要求

（1）应公平、公正、合理、及时处理有关乘客的问题。

（2）在岗时，要遵循公司的政策、规章。

（3）车站出现大客流、乘客排长队现象时应积极采取措施，播放广播疏导客流，让乘客顺利购票和进出车站。

（4）当乘客使用站控室对讲机询问时，要礼貌、热情地向乘客解释。

2. 标准服务用语

① 当有乘客询问时，应说："先生（女士），您好，请问有什么需要我帮助吗？"

② 当回答完乘客询问后，应说："请您慢走，再见。"

（三）客运值班员岗位服务礼仪

（1）监控设备状况和票务中心情况，确保设备正常和售票处零钱、发票充足。

（2）应公平、公正、合理、及时处理有关乘客的问题。

（3）在岗时，要遵循企业的政策、规章。

（4）遇大客流时应及时、积极采取措施，加开兑零窗口，安排员工疏导乘客。

（5）在大客流前做好准备工作，如提前配票，准备好充足的钱、票，确保设备状态良好等。

（6）处理乘客事务时要 3 分钟内到达现场。

（四）值班站长岗位服务礼仪

（1）负责监控当班整体服务工作，巡视并检查当班员工在语言、形体、着装等方面是否符合服务标准，指正员工服务工作的不足，确保本班服务质量。

（2）要在 3 分钟内赶到现场处理乘客问题，如接到通知后预计不能及时赶到，必须马上安排有能力处理的员工代理。

（3）根据车站客流特点，合理安排人手，利用监控系统及时了解票亭排队情况，杜绝排长队现象。

■ 学习笔记 ■

（4）及时了解票亭车票、报表、硬币等的储备情况，并及时组织增补。

（5）处理站内突发的任何事件，在职权范围内进行相应的处理，并在上级人员到达现场之前，担任临时负责人。

（五）司乘人员岗位服务礼仪

（1）在岗时精力集中，确保安全，准点完成乘客运输工作。

（2）列车运行中尽量保证车体平稳，列车进站停车时务必保证车位对准。

（3）打开车门后，司乘人员要在站台立岗，确认车门开、关正常且没有夹人夹物后，方可驶入下一区间。

（4）特殊情况下，司乘人员需按规定播放列车自动应急广播；如需人工广播，司乘人员需按要求的内容、时机进行广播。人工广播时，语调平稳圆润、音量适中、读音准确、声音清亮。

四、站台服务礼仪

（一）站台岗位人员服务礼仪要求

（1）监视列车运行状态、候车乘客动态，监视是否有乘客跳下轨道、进入隧道、倚靠屏蔽门、抢上抢下或乘客物件掉落轨道，防止列车门、屏蔽门夹人夹物，根据情况及时采取正确的处理办法。

（2）宣传乘客在黄色安全线以内候车，不要倚靠屏蔽门，不要抢上抢下，维护站台秩序，组织乘客有序候 / 乘车。组织排队候车时可按以下步骤为乘客服务。

① 第一步。动作：面带微笑，展开双手（站在屏蔽门中间，不需要定在一个车门，可走动在多个车门做手势）。用语：“各位乘客，请按地面指示排队候车，先下后上，多谢合作。”

② 第二步。动作：面带微笑，做“请”手势。用语：“各位乘客，请上车，上车后请往车厢中部走。”

③ 第三步。动作：面带微笑，伸开右手做拦截手势。用语：“车门即将关闭，请耐心等候下一趟车。”

（3）若发现异常情况，及时采取措施或与站控室联系。

■ 学习笔记 ■

① 回答乘客询问，在力所能及的范围内，尽量帮助乘客解决问题，特别注意帮助老、弱、病、残、孕等需要帮助的乘客。

② 当客车车门或屏蔽门故障时，按有关程序协助司机处理车门 / 屏蔽门故障。

③ 制止并处理乘客违反法律法规的行为。

④ 高峰期站台人员巡视站厅时应统一配手提广播器上岗，在客流引导时声音不宜过大，吐词要清晰，不得拿广播对着乘客喊话。

⑤ 站台人员能解决的问题，要及时、果断处理，避免处理时间过长；不能处理的问题，要及时通知值班站长。

（二）站台岗位人员标准服务用语

（1）列车进站前及进站时，应说："各位乘客，为了您和他人的安全，请站在黄色安全线内排队候车，多谢合作……各位乘客，为了您的安全，请勿手扶屏蔽门 / 安全门……各位乘客，由于现在站台乘客较多，请到站台中部候车，多谢合作！"

（2）当乘客上车时，应说："上车的乘客请注意，请小心列车与站台间的空隙，先下后上，多谢合作！"

（3）列车将要关车门时，应说："各位乘客，车门即将关闭，没有上车的乘客请您耐心等候下一趟车，请不要越出黄色安全线，多谢合作！"

（4）乘客越出黄色安全线时，应说："各位乘客，为了您和他人的安全，请站在黄色安全线内排队候车。"

（5）乘客带气球进站乘车时，应说："先生（女士），您好，为了您和他人的安全，请不要携带气球乘车，多谢合作！"

（6）儿童在站台上追逐奔跑、打闹时，应说："由于地面很滑，容易摔倒，请家长（您）带好小孩，不要在站台追逐、奔跑、打闹。"

（7）乘客乱扔乱吐时，应说："先生（女士），您好，按市政府规定，在公共场所请勿乱扔乱吐，谢谢您的配合。"

（8）有乘客走近时，应主动询问："先生（女士），您好，请问有什么需要我帮助吗？"或"先生（女士），您好，请问我能为您做点什么？"

（9）列车服务终止时，应说："各位乘客，今天的列车服务已经

■ 学习笔记 ■

结束，请您尽快出站。”

（10）乘客有物品掉下轨道时，应说：“先生（女士），您好，请勿私自跳下轨道，我们的工作人员将会尽快为您拾回物品，多谢合作！”

（三）站台岗位服务技巧

1.“四到”

（1）心到：精神高度集中，随时应对异常。

（2）话到：提醒乘客按排队箭头候车，及时进行安全广播。

（3）眼到：密切关注监控视频，注意乘客动态、屏蔽门/安全门工作状况。

（4）手到：主动处理问题，如发现地面有水，及时设置“小心地滑”牌，设备故障时设置“暂停服务”牌，地面有脏物时及时找保洁员清除。

2.“四多”

（1）多监控：密切监督站台乘客情况、屏蔽门工作状况，必要时采取控制措施。

（2）多广播：通过广播提醒乘客看管物品，看好小孩，不得跑闹、追逐，不得推挤屏蔽门，等等。

（3）多联系：发现异常情况及时与司机、站控室及其他岗位联系。

（4）多巡视：在每次列车到达间隙巡视站台一遍，巡视时“三步一回头”。

3.“三勤”

（1）站台发现乘客伤亡事件或其他异常情况时，及时寻找目击证人并记录。

（2）遇蛮横不讲理的乘客及时与保安及公安部门联系，不与乘客发生正面冲突。

（3）站台客流不均匀时，及时引导控制，防止乘客拥挤。车站站台岗见图4-4。

图4-4 车站站台岗

■ 学习笔记 ■

任务三 城市轨道交通车站客运事件管理

【能力目标】

能明确人际关系管理的内涵，能掌握客运事件管理的基本规定。

【知识目标】

人际关系的内涵，客运事件管理的基本规定。

【任务提出】

城市轨道交通运营中，会发生很多客运事件，如何进

行处理是摆在城市轨道交通服务人员面前的重要问题。服务人员先要有人际关系意识，然后利用人际关系的基本要求与规范去处理相关问题。

■ 学习笔记 ■

一、人际关系管理

在城市轨道交通企业，服务人员每天面对的是成千上万的人。人与人之间时时刻刻创造出各种关系，包括合作、谅解、矛盾、冲突等，建立良好的人际关系有利于服务人员的自我发展和自我完善。

（一）人际关系概述

1. 人际关系的基本概念

人际关系是指人与人之间信息、情感的传递，是可以观察到的、比较稳定的心理状态。人际关系存在于一切领域之中。

2. 人际关系的特点

人际关系具有交往性、多维性、变动性、复杂性的特点。

（1）交往性。人际关系必须由两人以上共同参与，才能确立某种关系。交往是人际关系建立的前提。

（2）多维性。人际关系不仅是人与人的交往关系，而且还有人与群体、群体与群体的交往关系。

（3）变动性。人际关系时常发生变化，世上没有一成不变的人际关系。

（4）复杂性。由于人际关系的多维性、变动性，构成了人际关系的复杂性。人际关系种类多，有血缘、兴趣缘、志向缘等关系；人际关系层次多，有个人与个人、个人与群体、群体与群体等关系；人际关系交错多，有亲密、疏远、敌对等关系。

需要指出的是，人际关系与社会关系不是同一个概念，它是社会关系中的一个类别，是社会关系的具体体现。

（二）人际关系的分类

1. 按范围分

（1）个人与个人之间的关系，如夫妻关系、父子关系、师徒关系、同志关系等。

（2）个人与群体的关系，如个人与家庭的关系、员工与班组的关系等。

（3）群体与群体的关系，如家庭与家庭的关系、班组与班组的关系、部门与部门的关系等。

学习笔记

2. 按需求分

（1）容纳的需求关系，这是一种相互容纳的、和谐的人际关系，其特征为交往、沟通、归属、参与等；与此相反的关系是疏远、排斥、忽视等。

（2）控制的需求关系，这是一种对别人建立和维持权力及影响的人际关系，其特征为控制、支配、超越和领导别人等；与此相反的是受人支配、追随别人。

（3）情谊的需求关系，这是一种在感情上建立和维持友好关系的人际关系，其特征为同情、照顾、友好、亲密等；与此相反的关系是冷漠、厌恶、憎恨等。

（三）人际关系的作用

心理学研究表明，人际关系是人与人之间通过一定的交往形式而建立起来的比较稳定的心理关系。

建立良好的人际关系有利于自我发展和自我完善。一个人在能力发展的过程中，既受外部环境的影响，又受人与人之间交往关系的影响。

城市轨道交通服务人员处理上下级关系总的要求是：一要尊重，真心接受领导；二要主动积极，争取支持；三要坦荡磊落。当站长、值班站长布置工作时，要全神贯注地听，这是尊重领导、维护领导威信的表现。

摆正平行关系主要是指摆正同事关系、朋友关系、班组与班组关系，使自己融入团队。

个体与群体关系是指个人与集体的关系。摆正个体与群体的关系就是做到个人利益服从部门利益、企业利益、国家利益。

在目标和根本利益一致的基础上，与同事、朋友建立良好的关系必须遵循平等、互助、团结、友爱、理解、支持、谅解、忍让的原则。人际关系的建立无论是主动还是被动都需要彼此认同，互注情感，融洽交

■ 学习笔记 ■

往，寻找双方共同点，关注、欣赏对方优势，克服各自的消极心理，和善待人，主动帮助对方解决实际问题，让对方感到你在呵护他，这样就有了建立良好关系的心理基础。在交往中把方便让给别人，把困难留给自己，互助、互爱、通力合作。

人际交往中，别人愿意或者不愿意和你交往，是由你的社交水平、品格及为人处世的方法所决定的，即个人自身的品德、才能、知识等形成的影响力决定的。所以在人际交往中，要注意自己的品行和修养，约束自己的不良行为，赢得他人的好感，才能建立起良好的人际关系。一个人能够融洽地与别人相处，不仅表现出一个人出色的能力，而且表现出心理的成熟。

（四）人际交往中的性格磨合

在实际生活和工作中，一个人要想有所作为，就必须用知识充实自我，在实践中锻炼自己，掌握各种能力，这是个人成长、成才、成就个性魅力的基础，也是成功所必备的条件。而人际交往、处理人情世故的能力是获得较好生存环境和事业成功的重要基础。

在竞争激烈的社会，人际关系的建立更多地融入了彼此的利益追求，这就使得人际关系更加复杂化，因此要处理好人际关系，就需要懂得人情、培养人情，彼此根据需要进行“磨合”。一种是彼此利益的“磨合”，是暂时的；另一种是友情的“磨合”，即彼此性格的“磨合”，是持久的。

性格磨合是一种自我克制的修养。如何进行性格磨合呢？一是加强自我约束；二是接受他人约束；三是边观察边磨合；四是建立健康融洽的关系；五是讲原则、不迁就、不圆滑；六是保持个性。

需要明确的是性格磨合，需要相互信任、理解、支持、谅解、忍让，对可能发生的不良行为加以适当的控制，这样才能建立真实、自然、和谐的人际关系。彼此客观地评价对方，评判自己，努力修正自己，才能和睦相处，融洽交往。当然，在磨合的过程中，不能把自我的独特性格全部磨掉，否则就缺乏生机和韵味了。例如，热情奔放和沉着稳重都是可贵的品质，磨掉了便无特色风采了。

（五）建立良好和谐的城市轨道交通服务关系

工作关系是现代社会必不可少的重要关系，任何人都不可能在社会分工之外而谋求独立生存。城市轨道交通员工上班的时间比和家人在一起的时间还多，这就更需要与工作对象（乘客）和睦相处。

■ 学习笔记 ■

1. 城市轨道交通服务中人际交往的特征

（1）交往地位的不对等性。对于平时的交往，我们可以凭兴趣和意愿。但是作为服务人员，通常在交往过程中存在不对等、不平衡，也就是说在与乘客交往中，一般都是乘客在提要求，而作为服务人员的城市轨道交通员工，都是在服从和满足乘客的意愿。有些服务人员不能正确对待，会出现消极情绪，不利于工作。

（2）交往的公务性。作为服务人员与乘客交往，主要是因为公务上的需要，而不是个人感情或兴趣爱好等方面的需要。所以一般情况下，与乘客的交往只限于在乘客需要的时候。

（3）交往深度的局限性。服务人员与乘客的交往只限于具体的服务项目，而不涉及个人关系，更不会涉及双方的个人工作、经历、家庭背景等深入的内容。

（4）交往时间的短暂性。服务人员与乘客交往的时间不会太长，乘客咨询、购票、乘车、离开，服务即结束。

（5）交往效果的不稳定性。由于乘客在个人素质、能力、性格等方面有差异，因此同一服务的结果会有所不同，因此，交往的结果是不稳定的。

2. 提供人性化服务

人性化服务的提出由来已久，但要通过短短几句话将乘客的脾气、秉性、爱好、需求了解清楚，绝不是一件容易的事，但是服务人员可以通过其他方式来弥补由于时间短而造成的服务上的缺憾。

（1）提前做好充足的业务准备。

站务员要有扎实的业务知识，深入了解各类乘客的特点。有的乘客性格较为豪爽、说话比较直接、好面子，因此在服务中若对其付出百倍的热情，其必以千倍来回报；而有的乘客恰恰相反，做事认真细腻，说话婉转，对服务要求较高。因此，我们在服务过程中应采用不同的服务方式、语言方式来对待不同类型的乘客，以取得良好的服务效果。

城市轨道交通服务人员可根据乘客的特点、地域特征、沟通习惯等来归类，将针对不同类别乘客的服务技巧整理成册，作为乘客人性化管理的准则。

■ 学习笔记 ■

（2）服务中要细致耐心。

城市轨道交通企业制定的服务程序与标准是统一的，而乘客的个性、需求千差万别，即使是同一地区的乘客也有各自的个性特征，不可能每一位乘客都对服务程序和服务标准满意。这就要求城市轨道交通服务人员除了熟悉业务知识外，还要在服务中细致耐心，注意观察乘客的细微变化，凭借自己的专业知识和服务经验的积累及时为乘客提供有针对性的服务。细心观察乘客，不仅可以提升服务质量，还可以避免很多意外事件的发生，做到防患于未然，保障安全。

3. 正确对待与乘客的关系

城市轨道交通服务人员与乘客之间本来是很单纯的服务者与被服务者的关系，但由于双方或者其中的一方未能正确对待双方的这一关系，常常导致冲突的发生。如果是城市轨道交通服务人员未能正确对待与乘客的关系，与乘客发生冲突，将影响服务质量和城市轨道交通企业的形象。因此要想真正提高服务质量，就一定要做到以下几点。

（1）用服务于人的角度处理问题。

某些城市轨道交通服务人员对自己的身份与地位不能正确地看待，在服务中仅仅是在按照服务程序去做而已，根本就没有用心为乘客服务。在乘客表现出一些不满意的言行时，服务人员甚至比乘客火气还大，对乘客恶言相向。虽然这只是很少的一部分服务人员，但是我们要切记服务行业中“100 − 1=0”这一公式，一个不礼貌行为很可能会破坏城市轨道交通企业的整体服务形象。只有在服务于人的角色定位下，才能做好自己的服务工作，而且是真诚地为乘客提供服务。

（2）用法律、制度保障正常的服务秩序。

在服务中，当乘客与服务人员之间发生冲突时，有些城市轨道交通企业不管责任在哪一方，首先处理当事的企业员工，甚至整个车站都受到牵连被处罚。全心全意为乘客服务当然没错，但不计原则地处理员工从长远看是不利于服务质量提高的。虽然当事的乘客得到了满意的回复，但这也助长了部分乘客恶意挑衅、滋事的气焰，增加了管理的难度，同时也极大地打击了服务人员的工作积极性。

所以城市轨道交通企业应该严格按照国家相关的法律法规来处理问题，对于责任不在员工的事件要以正确的态度告诉乘客合理的处理决定，要有礼、有据，让乘客心服口服。对部分行为极为恶劣的乘客，可以将这部分恶意挑衅、滋事的乘客列入企业的黑名单。好的服务绝对不是一味地对乘客进行妥协，城市轨道交通企业要有自己的原则和制度，保证服务的同时也要保障自己员工的利益。不能一味地袒护乘客，对服务人员只是象征性地颁发“委屈奖”了事。

二、客运事件管理

学习笔记

（一）客运事件的定义及分类

客运事件专指发生在地铁责任区域范围内或与城市轨道交通企业有责任关联的,对城市轨道交通企业服务形象产生负面或积极影响的事件。客运事件可分为客伤事件、投诉事件、负面报道事件、纠纷事件和突出表现事件五类。

（二）客运事件的处理原则

（1）职责分工明确原则。城市轨道交通企业各部门应充分发挥职能作用，密切合作，协同一致，按照各自职责分工和权限，明确专项负责人，落实处理责任，做好事件处理。

（2）信息沟通透明原则。城市轨道交通企业各部门要相互配合，加强信息沟通，促进合力协同，保证客运事件信息及时、准确、一致，不得出现信息瞒报、误报的行为。

（3）事件调查客观原则。事件调查应本着公平、公正、透明、客观的原则，做到全面取证、细致分析、理性判断、准确定责。

（4）公司利益原则。城市轨道交通企业各部门在处理各类客运事件过程中，要始终坚持实事求是的原则，维护企业权益和服务形象，最大限度地将客运事件对企业造成的损失降到最小。

（5）预防改进原则。总结事件处理的经验和教训，提出预防改进措施，组织员工参加培训，将相关改进措施落实到位。

（三）客运事件的处理

1. 客伤事件处理

（1）职责。

车务中心负责根据《运营事故报告和调查处理规定》中的有关规定对客伤事件进行处理或前期处理,进行客伤事件的上报及现场调解工作,落实客伤事件的纠正及预防措施，做好乘客安全出行的宣传引导工作。

■ 学习笔记 ■

（2）处理原则。

① 认真进行调查分析。以城市轨道交通企业是否存有责任过失，是否尽到安全保障义务为调查切入口。

② 调解优先。以事实为依据，维护公司利益，调解态度积极，遇事冷静，解决问题不卑不亢。

③ 合理补偿。以城市轨道交通企业全责、部分责任、无责为不同的标准，原则上分别对乘客严格予以全部赔偿、部分赔偿、不予赔偿等情况进行结案处理。

④ 灵活结案。车站能够处理并结案的事件，或结案金额不超过2 000元的情况，车站可自行结案，无须再由地铁派出所处理。客伤事件分类处理办法如表4–3所示。

表4–3 客伤事件分类处理办法

客伤事件分类	处理办法
结案的责任赔偿金额≥ 2 000 元	民警必须参与结案并出具结案书
结案的责任赔偿金额 <2 000 元	民警不一定参与结案
无责	不予赔偿

（3）现场处理流程。

① 现场处理：当事车站开展先期处理，当班人员要第一时间对现场进行保护，积极救护受伤人员，采取有效措施控制事件现场，由现场最高负责人维护现场秩序，疏导并劝阻其他乘客围观。现场处理应注意以下事项。

a）接报后急步赶往事发现场，忌接报后继续手头工作，不紧不慢地去往事发现场。

b）处理态度积极，对摔伤、滑倒、夹伤等轻微伤情的乘客要主动搀扶，适时建议轻微伤情的乘客进行休息，忌在距离乘客较远的位置处理问题，或站在旁边一言不发、态度平淡及语言生硬造成当事人逆反情绪。

c）宜单独处理客伤事件，不宜在公共场所受理或处理。

d）宜对乘客进行安抚，协助乘客联系家属，按乘客及家属的意见做适当处理，忌对事件不经分析便轻率劝乘客“小病大看”。

e）根据客伤发生时间、现场客流、其他因素对客伤的影响进行评估，必要时及时处理现场，迅速恢复正常的客运秩序，以免事态扩大或造成

学习笔记

不良的社会影响。

f）若乘客提出就医要求，原则上需要乘客持派出所开具的“市公安局指定医院就诊证明信”就医；若乘客提出陪同就医要求，原则上不能擅自脱岗陪同就医，必要时经中心站长审批再行陪同。

② 事件上报：车站需及时向有关部门电话备案，电话备案时需如实反映现场情况，必要时根据现场情况的发展变化随时进行备案更新。电话备案时需记录报备时间、接报人等详细信息。若出现以下情况，必须在报告事件时同时报告地铁民警，由民警到场进行处理。

a）独行或与人同行的乘客身体不支倒地。

b）预期将会出现暴力或对峙场面。

c）发生遇袭事件。

d）发生治安或刑事案件。

e）预期客流将会激增。

f）区域负责人认为有必要报告的其他意外事件。

③ 搜集现场信息：事发后当事车站工作人员应持续开展现场证据等相关资料的搜集整理工作，如现场证人证言、录音、电话、事发照片、录像等，以便及时填写“客伤事件经过”报送客运市场部。搜集现场信息应注意的事项如下。

a）迅速使用视频监控系统监控事发现场，忌手忙脚乱，疏忽现场监控。

b）采用手机等电子设备对现场信息进行摄像、录音，必要时可引导乘客客观说出客伤原因，保留有效证据；忌忽视搜集乘客在事发后第一反应反馈出的真实、客观的情况。

c）遇事沉着冷静，不卑不亢，处理问题坚持原则，忌心虚胆怯应对，或过度关怀造成乘客产生责任原因错觉。

④ 调解结案程序：一般事故（乘客轻伤 1 人）的事件，车站根据事件处理原则进行调解，结案的客伤赔偿（或补偿）经客运市场部、企业管理部审批后结案，结案后将调解结果和相关书面材料交至客运市场部。调解时应注意以下几点。

a）首次调解约见要主动询问当事人伤情，尽量派 2 人调解处理。

b）多次调解约见可变换不同人员、地点开展调解，代表城市轨道交通企业阐明事件处理情况和相应制度。

c）车站多次调解仍未结案的事件，填写“客伤事件经过”并整理

■ 学习笔记 ■

相关证据材料报送至客运市场部予以公司级调解、结案，当事车站站长或经授权的值班站长一同与客运市场部做好对接工作，并共同完成结案程序。

与乘客约定调解应注意以下几点。

a）客伤乘客或代理人向车站提出具体调解时间，由车站通知站长、客运监察管理人员进行调解。

b）客伤乘客或代理人向派出所民警提出调解时间，客运市场部接到民警通知后，通知站长在指定地点进行调解。

（4）出具结案书。

车站自行结案事件，填写“客伤事件结案书”作为结案证明；地铁派出所参与结案事件，地铁派出所出具“赔偿损失或负担医疗费用调解书”作为结案证明。

无责情况下，在不予赔偿的调解中，调解人视调解情况在向当事部门申请后，经客运市场部审批授权，可适当从人道主义角度考虑，给予一定无责补偿。

（5）报销处理程序。

对于车站结案处理的情况，由车站相关人员持结案证明、相关结案票据和“运营保险出险快报表”到企业管理部保险人员处进行保险处理程序。

2. 负面报道事件处理

（1）事件通报。城市轨道交通企业员工在运营故障、列车晚点等情况下，若发现有新闻媒体开展有关负面信息的报道采集时，或发现有对城市轨道交通企业不利的负面报道时，应及时通报地铁服务热线，由地铁服务热线立即逐级上报，以便城市轨道交通企业及时响应。

（2）事件响应。客运市场部在接到相关信息通报时，要及时启动媒体危机公关工作或调查处理程序，并及时上报城市轨道交通企业新闻发言人，尽量制止负面信息的进一步扩大。

（3）事件调查定性。对于媒体负面报道事件和媒体披露未果事件，通过启动调查组或发送“客运服务事件调查单”的形式开展调查，根据城市轨道交通企业的分析定性结论落实奖惩措施。

学习笔记

3. 纠纷事件处理

（1）纠纷类型和划分级别。

① 轻微纠纷：发生纠纷双方只限于口头冲突，并未影响地铁正常运营秩序或其他乘客乘车的。

② 一般纠纷：发生纠纷双方由口头冲突上升为肢体冲突，并已影响车站部分区域内的正常运营或其他乘客乘车的。

③ 严重纠纷：发生纠纷双方出现身体伤害及伤亡，造成车站混乱及行车混乱，影响城市轨道交通正常运营，影响乘客乘车的。

（2）纠纷事件现场处理原则。

① 城市轨道交通工作人员不得与乘客发生纠纷，若发生纠纷则按相关应急预案搜集证据、及时上报，避免事态的扩大，避免给公司造成不良影响。

② 乘客之间发生纠纷后，则以维持正常的客运服务秩序为原则，按相关应急预案搜集证据、酌情报警，积极配合民警进行处理。

（3）纠纷后续处理程序。

① 若城市轨道交通工作人员与乘客发生纠纷，则通过启动调查组调查或发送“客运服务事件调查单”的形式开展调查，根据公司的定性结论落实奖惩措施。

② 若乘客之间发生纠纷，要按城市轨道交通企业的安排，积极配合民警开展相关工作。

4. 突出表现事件处理

（1）事件表彰：各部门对本部门的突出表现事件进行调查，确认属实后，按“人力资源管理制度”的规定及时上报人力资源部，经审核，对突出表现人员予以表彰。

（2）对外宣传：当事部门可第一时间将相关情况报告地铁服务热线，地铁服务热线在接到当事部门报告或接到乘客表扬电话后，在具备现场条件（人物、现场、时效性等）的前提下，由客运市场部立即联系相关媒体单位，争取予以对外宣传报道。

（3）对内宣传：当事部门可将相关突出表现事迹材料报告党群工作部，由党群工作部予以对内宣传、向上报告。

任务四　城市轨道交通特殊乘客服务礼仪

■ 学习笔记 ■

【能力目标】

能掌握城市轨道交通特殊乘客的种类及特点，能掌握特殊乘客的服务程序。

【知识目标】

城市轨道交通特殊乘客的种类及特点，城市轨道交通特殊乘客的服务程序。

【任务提出】

城市轨道交通的服务对象中有一部分是特殊人群，如何更好地为特殊群体服务是城市轨道交通服务人员要特别学习的内容。

一、特殊乘客的种类与特点

特殊乘客主要指残疾乘客，包括肢体残疾、视力残疾、听力残疾等。

（一）乘坐轮椅肢残乘客的特点

乘坐轮椅的乘客普遍的心理特点表现为独立与依赖心理并存，孤独

■ 学习笔记 ■

感与渴望交往并存，自尊与自卑心理并存，在较为极端的环境场合会将这种心理潜台词强烈地表达出来。

在乘坐轮椅乘客未主动提出需要帮助时，工作人员不必过于主动帮助或把主观的意愿强加给他们，提供帮助前应先征求他们的意见。不要对乘坐轮椅乘客的特殊之处表现出过多的关注与好奇，更不要盯着他们的残肢看。在服务过程中，要协助他们展现出自己最好的状态，不要试图为他们包办所有的事情。

乘坐轮椅乘客大致可以分为两种情况：一种是乘坐轮椅的乘客可自行驱动轮椅；另一种是乘坐轮椅的乘客无法自行驱动轮椅，行动与生活上需要陪同和照顾。

（1）乘坐轮椅但不需陪护乘客的特点。这类乘客在感知、注意、记忆、思维等认识过程方面与常人没有或无明显区别，在一般的生活与工作技能方面也不存在很大的障碍。这类乘客中典型的是飒爽英姿、自立自强的乘坐轮椅的运动员，他们在一定距离内基本可以自主驱动轮椅，有较为熟练的操作技术。这类乘客能够正视生理上的残缺，在长期的生活中树立了坚强的人格，往往心态自然，开朗豁达，行动自理能力较强且具有独立生活的习惯，并且有应付突发事件的心理素质。他们希望得到人们的认可，在为他们提供必要的帮助的同时，更要支持并鼓励他们，帮助他们表现出自己最好的一面。

（2）乘坐轮椅但需陪护乘客的特点。这类乘客很大程度上依赖他人的照顾，同时因为伤残而有可能伴有语言等方面的障碍，无法与他人进行流畅自如的交流，有可能出现一些非常态的举动。对待这类乘客需要提供更多细致、耐心的服务，同时在言语、表情上要更加注意分寸。

（二）不乘坐轮椅肢残乘客的特点

不乘坐轮椅的肢残乘客一般仅有肢体上的残疾或缺陷，心理上并无明显的缺陷，他们在感知、注意、记忆、思维等认知能力方面与健全人并无明显区别，但由于肢体残疾带来的社会角色等的改变，使他们在个性特征方面存在一些特点：独立性与依赖性并存，即使内心渴望得到别人的帮助来解决某些力不从心的实际问题，却不愿表现出自己的依赖性。不乘坐轮椅肢残乘客的“行动伙伴”的情况见表 4-4。

■ 学习笔记 ■

表4–4　不乘坐轮椅肢残乘客的“行动伙伴”情况表

主要工具	简要介绍	说明
拐杖	（1）可分为腋下拐杖和前臂拐杖； （2）腋下拐杖可以协助下肢残疾人站立及行走； （3）前臂拐杖可以协助步行不稳定的下肢残疾人行走	
义肢	主要用来取代肢残人失去的肢体部分	若因需要（如安检），确需其摘下义肢时，要注意保护其隐私

（三）视力残疾乘客的特点

视力残疾乘客与健全人一样有自尊心，非常要强，并非处处依赖他人。对视力残疾乘客抱有怜悯之心是理解、关心、帮助他们的基础，但工作人员不能出于怜悯以一种施舍的态度提供帮助，服务过程中切记三点：一是要先问对方是否需要帮助，再给予帮助；二是对视力残疾乘客避讳使用“瞎说”“瞎猜”“瞎想”等容易刺伤他们隐痛的词句；三是在视力残疾乘客面前应主动介绍谈话人自己和身边的同事，让他们知道谁在周围。离开视力残疾乘客时，要先告诉对方，避免其仍继续对话。视力残疾乘客的“行动伙伴”的情况见表 4–5。

表4–5　视力残疾乘客的“行动伙伴”情况表

主要工具	简要介绍	说明
盲杖	（1）由腕带、手柄、杖体、杖尖四部分组成； （2）一般使用的是全白色手杖，或者手柄下方带红色的手杖	
助视器	（1）分为近用助视器和远用助视器； （2）近用助视器多用于阅读、观看微小精细的手工操作； （3）远用助视器多用于观看黑板、张贴的广告等	不要随便动视力残疾乘客的助视器，不要用手直接触摸镜片
导盲犬	（1）导盲犬是一种工作犬，常被人们称为“盲人的眼睛”； （2）导盲犬戴有一个大小合适的脖圈，脖圈上套一个长度合适的 U 形硬把手，视力残疾人行走时抓着把手； （3）导盲犬可以带领视力残疾人及早避开障碍物，以及突如其来的车辆，使其更安全、迅速地行进	

（四）听力残疾乘客的特点

听力残疾乘客一般都存在听力和语言的障碍。与听力残疾乘客之间的沟通，眼睛就是心灵的窗口，正确对待听力残疾乘客，要注意眼

神、身体姿态等方面的情感表达。可以通过“手语”或“写字”等视觉方式进行表达和交流。听力残疾乘客的“行动伙伴”的情况见表 4-6。

表4-6 听力残疾乘客的“行动伙伴”情况表

主要工具	简要介绍	说明
手语	（1）手语是应听力残疾人的交际需要产生的，作为一种语言，为人们所接受； （2）主要分为手指语和手势语两种	不同国家手语有所区别
助听器	通过助听器将声音放大，使听力残疾人可以听到原来听不清楚、听不到的声音	
人工耳蜗	帮助重度及深度听力残疾人获得或恢复听觉	
纸条或卡片	方便有效的交流工具	

学习笔记

二、特殊乘客的服务程序

（一）对乘坐轮椅肢残乘客的服务程序

对乘坐轮椅肢残乘客的服务程序见表 4-7。

表4-7 对乘坐轮椅肢残乘客的服务程序

程序	工作标准	说明
预约安排	站控室人员（或乘客服务中心人员）接到提供无障碍服务预约的通知后，记录预约乘客相关内容；与乘客主动进行联系，确定乘车时间，了解乘客特征等；及时将相关信息汇报给值班站长，值班站长做好具体安排或交接	
问询交流	（1）及时应答。乘坐轮椅肢残乘客通过呼叫对讲或电话呼叫时，服务人员应在电话铃响 3 声内或呼叫设备鸣响 5 秒内及时接听应答。 （2）主动问询。服务人员应根据实际情况，判断出需要帮助的乘坐轮椅肢残乘客，并主动与乘客进行沟通，首先礼貌地对乘客说：“您好！请问您需要帮助吗？”了解乘客需求、基本情况、需要帮助的人数等情况。 （3）安抚乘客。服务人员应对乘客说：“请您稍候，我们会尽快安排工作人员为您服务。”	

■ 学习笔记 ■

续表

程序	工作标准	说明
信息沟通	确定需要立即提供服务后，服务人员应迅速将有关信息通知值班站长（乘客服务中心人员）。服务人员（至少两名以上）立即前往车站指定位置拿取相应的设备钥匙（遥控器）并在 5 分钟内到达乘客所处位置；见到乘客后，主动向乘客问好，并问清乘客要到达的车站，引领帮助乘客到达相应的设施	各车站班组要明确无障碍服务人员的工种、数量
使用直升梯	一名服务人员为乘客开启并用手扶住电梯门，另一名服务人员将乘客平稳推入电梯轿厢，提示乘客："请您扶好、坐稳。"到达目的层后，一名服务人员打开并用手扶住电梯门，另一名服务人员将乘客平稳推送至电梯轿厢外。 遇多名乘坐轮椅乘客需使用直升梯时，服务人员应先将乘客安排到不妨碍其他乘客通行的位置并陪同等候	遇特殊情况或设备故障导致直升梯不能正常运行或停梯时，安抚轿厢内乘客："不要惊慌，耐心等候。"遵循操作使用说明进行应急处置
使用升降平台	按照操作说明开启升降平台至乘客所在位置；视乘客需求，将轮椅平稳停放于平台中心位置（乘客始终面向运行前进方向）。 升降平台运行：前确认乘客轮椅已刹车，电动轮椅电源已关闭，提示乘客："请您扶好、坐稳。" 视乘客需求，可由乘客自行操作或由服务人员协助操作至停靠区；平台运行时应在上下平台导轨入口处的明显位置设置提示标识，提示乘客避开楼梯升降机轨道；平台运行中应提示其他过往乘客、特别是儿童，不得攀扶升降平台导轨，防止楼梯上过往乘客与运行导轨碰撞，发生夹伤等意外事故；到达停靠区后，视乘客需求协助乘客平稳离开升降平台；遇多名轮椅乘客需使用升降平台时，服务人员应先将乘客安排到不妨碍其他乘客通行位置并陪同等候	遇特殊情况或设备故障导致升降平台不能正常使用或中途停车时，安抚乘客："不要着急，耐心等候。"遵循升降平台用户手册进行应急处置
行进陪同	在推行轮椅过程中注意行进速度和稳定性；在轮椅陪护过程中注意减少对其他乘客的妨碍，轮椅行进过程中提示周围乘客避让	
协助安检	引导乘客至车站安检位置，遇有直升梯可直接运行至付费区内时，安检工作应在乘客进入直升梯前完成。 安检人员采取徒手探摸与直观检查相结合的方法，对乘坐轮椅肢残乘客的人身和轮椅进行检查，使用 X 光机检查携带物品	需进一步进行安检工作时尽可能由同性别工作人员完成；尽量减少琐碎不便的环节，并给予乘坐轮椅肢残乘客足够的尊重
协助进出付费区	引导乘客至售票处或自动售票机具处，视乘客需求，代乘客完成购票；引领乘客从宽通道或专用通道进出付费区并协助其刷卡	

■ 学习笔记 ■

续表

程序	工作标准	说明
协助上车	引领陪同乘客至站台划定的无障碍候车区域；疏导其他候车乘客到相邻车门排队候车，并告知司机乘坐轮椅乘客的人数及目的站；列车进站开门，待车上乘客下车后，将移动坡道迅速、准确地放置于与列车车门连接处；上车时，服务人员将乘客护送至车厢内无障碍专用位置，确认轮椅已刹车或与列车上专用挂钩固定，并提示乘客坐稳扶牢；告知乘客目的车站会有工作人员迎送，护送至下一站后返回（根据列车站所停时间而定），与乘客礼貌道别	
协助下车	接到通知后，服务人员立即携带移动坡道到达站台指定位置迎候；疏导其他候车乘客到相邻车门排队候车；列车进站开门，待车上乘客下车后，一名服务人员进入车厢主动向轮椅乘客问好；另一名服务人员迅速摆放移动坡道，一同协助轮椅乘客下车后，及时收好移动坡道，告知司机	
接续服务——联系	服务起始站及时与目的站或换乘站站控室人员（或乘客服务中心人员）取得联系，将乘坐轮椅肢残乘客所乘车次、车号、发车时间通报目的站或换乘站	
安全疏散	发生突发情况时，对乘坐轮椅肢残乘客实行一对一的陪护，将乘坐轮椅肢残乘客带入安全区域	

（二）对不乘坐轮椅肢残乘客的服务程序

对不乘坐轮椅肢残乘客的服务程序见表4-8。

表4-8 对不乘坐轮椅肢残乘客的服务程序

程序	工作标准	说明
问询交流	不必过于主动帮助，或把主观意愿强加给他们，提供帮助前应先征求其意见，可微笑地询问乘客："您好，请问您需要帮助吗？"可主动提醒其注意路面障碍和提醒地面湿滑（遇雨雪天气）、注意安全等	交流过程不要总是看肢残乘客义肢或残疾部位。 遇乘客要求使用升降平台、直升梯时，应按照使用升降平台、直升梯的工作程序和标准提供服务
行进搀扶	得到乘客同意后，引导者将手臂伸出，让残疾人自己扶其手臂，掌握重心，保持残疾乘客站立行进的舒适姿势；搀扶行进过程中保持与乘客同步的行进速度；完成搀扶后，要主动提醒肢残乘客，以便其准备好独立行走或借助辅助器械行走；由于肢残乘客残疾程度不同，要求引导者必须及时和残疾乘客沟通并确认搀扶方式，以达到最佳效果	在搀扶时注意问询肢残乘客辅助器械的放置位置，便于肢残人员自己取用

■ 学习笔记 ■

续表

程序	工作标准	说明
协助安检	引导乘客至车站安检位置并提示接受安检，将随身携带物品放至X光机扫描；安检人员或工作人员应主动问询其义肢内是否有金属物；安检人员采取徒手探摸与直观检查相结合的方法对其人身和拐杖进行检查；安检过程中若需对义肢或体内可疑物做进一步了解，安检人员须向肢残人说明；引导肢残乘客进入专门房间进一步对义肢或体内可疑物安检；帮助残疾乘客恢复义肢到安检前状态	进行安检工作应安排同性别工作人员完成
协助进出付费区	引导乘客至售票处或自动售票机具处，视乘客需求，代乘客完成购票；引领搀扶乘客从宽通道或专用通道进出付费区并协助其刷卡	
协助上下车	视乘客需求，搀扶陪同乘客上车并为乘客安排好座位，与乘客礼貌道别；视乘客需求，搀扶陪同乘客下车	

（三）对视力残疾乘客的服务程序

对视力残疾乘客的服务程序见表4-9。

表4-9 对视力残疾乘客的服务程序

程序	工作标准	说明
问询交流	服务人员向视力残疾乘客提供引导服务前，应先征得本人的同意，可微笑地询问乘客："您好，请问您需要帮助吗？" 与视力残疾乘客初次接触时，要主动介绍自己，并直接与其交流，不必通过他身边的人转达；离开时一定要有声音或动作示意乘客	
引导陪同	（1）平地引导。服务人员站至乘客的前方（按其习惯可为左前方或右前方）；让乘客抓握服务人员的肘关节，或让其一手搭肩；服务人员迈步，乘客根据抓握手的感觉跟随行进。 （2）狭窄通道引导。语言提示乘客前方有狭窄通道；服务人员将被抓握的手臂向身后弯曲贴于腰部，乘客紧随其身后行进；当道路宽敞后，服务人员放下弯曲手臂以示意，乘客恢复原来行走姿势。 （3）上下楼梯引导。行至楼梯口处时，提示乘客要上（下）楼梯并稍作停顿；若楼梯有扶手，帮助乘客触及扶手，由其自行上下；若楼梯无扶手，服务人员先一步上（下）台阶，乘客根据引导者手臂的感觉跟随其上（下）；服务人员上（下）完最后一级台阶时，略加停顿，示意乘客还有一级台阶就到平地了。乘客上完最后一级台阶站稳后，服务人员再带领其行进。 （4）上（下）自动扶梯。引导行至自动扶梯处时，语言提示乘客要上（下）自动扶梯，并作短暂停顿，争取和乘客同时上（下）自动扶梯；服务人员可帮助乘客抓握扶手；乘客感到扶手变平缓时，会略翘起一只脚尖，当这只脚的脚跟接触到接合处时，向前迈出，另一只脚跟随下梯	

■ 学习笔记 ■

续表

程序	工作标准	说明
协助安检	引导乘客至车站安检位置并提示乘客即将接受安检；安检人员采取徒手探摸与直观检查相结合的方法，对乘客进行检查；使用X光机对其随身携带物品（盲杖除外）进行检查；安检结束后，需将X光机扫描的随身物品逐一交还乘客，并告知物品的名称、颜色、品牌等信息，帮助其确认自己的物品	安检过程中，切不可不向视力残疾乘客说明就剥夺其盲杖进行检查
协助进出付费区	引导乘客至售票处进行换票，视乘客需求，代乘客完成换票；引领搀扶乘客从专用通道进出并视乘客需求协助乘客刷卡进出付费区	
协助上下车	上车前，服务人员帮助乘客触摸车门边侧；上车时，利用语言对乘客进行提示并为其安排好座位，并与乘客礼貌道别；下车时，利用语言进行提示，协助乘客下车	
安全疏散服务	顺人流沿边缘走，提醒其千万不要蹲下，防止摔倒、被踩踏；当发生火灾时，工作人员除了按规范的逃生规则操作外，还要帮助乘客扶到墙壁、扶手等安全设施，让他们弯下身子，用湿布捂住口鼻，沿墙边逃生；在逃生的过程中，要尽量让乘客感到你在其身边或附近，用身体或语言引导其逃脱险境	

（四）对听力残疾乘客的服务程序

对听力残疾乘客的服务程序见表4–10。

表4–10 对听力残疾乘客的服务程序

程序	工作标准	说明
手语服务	主要针对有手语咨询服务的听力残疾乘客提供帮助；不必过于主动帮助，或把主观意愿强加给他们，提供帮助前应先征求其意见，可微笑地用手语询问听力残疾乘客：“您好，请问您需要帮助吗？”	
手写交流服务	车站服务人员准备适量纸条和卡片，针对听力残疾乘客需求通过书写方式与乘客交流	与佩戴助听器的听力残疾乘客或老年乘客说话时，声音大小、语速要与平时基本一致，面对乘客，让其能看清口形

【考核评价】

一、自我评价

1. 自我考核

分述城市轨道交通客运工作流程，站台、站厅服务礼仪，以及特殊乘客的服务程序。

■ 学习笔记 ■

2. 自我评价

自我评价详见下表，共计 40 分。

自我评价

序号	评价内容	得分	亮点
1	课前知识查阅，调研作业完成情况		
2	课前、课中与人沟通协作表现		
3	城市轨道交通客运工作流程、站台、站厅服务礼仪、特殊乘客的服务程序掌握情况		
4	课前、课中学习态度表现		

二、小组（同学）评价

小组（同学）评价详见下表，共计 30 分。

小组（同学）评价

序号	评价内容	得分	亮点
1	课中学习态度表现		
2	课中与人沟通协作表现		
3	城市轨道交通客运工作流程、站台、站厅服务礼仪、特殊乘客的服务程序掌握情况		

三、教师评价

教师评价详见下表，共计 30 分。

教师评价

序号	评价内容	得分	亮点
1	课前知识查阅，调研作业完成情况		
2	课中参与、协作情况		
3	掌握城市轨道交通客运工作流程、站台、站厅服务礼仪、特殊乘客的服务程序等知识效果		

教师建议：______________________________

附录A

动车组列车旅客服务质量标准

一、动车组列车长服务质量标准

（一）出乘前准备作业

（1）组织待乘。

列车长要遵守各项待乘管理规定，分配乘务员公寓的床位，确保乘务组所有人员班前充分休息。列车始发前 2 小时叫班，督促乘务组所有人员起床。

（2）接受任务。

列车长要认真接受上级命令、指示，明确任务。

（3）请领设备资料。

列车长要确保票据、票种齐全；对讲机等设备电量充足，状态良好；各种资料、药品器械补充及时，齐全有效。请领补票机、票据工作必须由列车长与一位列车员（兼管收入）共同完成。

（4）派班点名，召开出乘会。

全体乘务组人员须准时参加出乘会。列车长要做到命令传达准确，任务布置清楚，确保所有人员符合出乘标准，证件齐全，不允许携带除乘务包以外的任何物品。

■ 学习笔记 ■

（5）列队接车。

列车长须要求乘务组人员行走时两人成排，三人成列，右手拉提乘务箱，大衣不穿时统一搭在左手臂上，队伍整齐，步调一致。列车长须督促乘务组人员在出库车底进站前 5 分钟到达站台指定位置。在列车 5 号车与 6 号车相邻位置列队，等候列车时队形不变，面向列车，乘务箱摆放在身体右侧距右脚 10 厘米处，箱体前部外边沿与脚尖平齐。列车长须要求乘务组人员上车后及时关闭各车车门，临时作业需要再次打开车门时，随开随关，以保持车内温度。

（二）始发站准备作业

（1）校验对讲机。

列车长要确保对讲机对话清晰，音量适中，通过对讲机与司机核对时刻并确认车次信息。车体外部显示屏出现故障或显示的车次等信息与实际不符时，列车长要及时通知随车机械师处理。

（2）接车巡视。

列车长要确认车内显示屏和扬声器状态良好，餐车电器设备状态良好；确保资料齐全有效，商品及时定位放置，矿泉水和盒饭配送符合要求；确认上下水状态良好，消防设施和车辆设备状态良好，自动门处于感应状态。列车长发现问题要做好记录，通知随车机械师处理，将各乘务人员姓名准确、及时登记。

（3）立岗迎客。

列车长在 4 号车（重联运行时，为 12 号车）一位车门或 5 号车（重联运行时，为 13 号车）一位车门立岗，确保各车厢车门正常开启，发现车门故障，及时通知随车机械师。列车长立岗姿势：挺胸收腹，脚跟并拢，脚尖略分开；女性列车长双手四指并拢，交叉相握，右手叠放在左手之上，自然放于腹前；男性列车长五指并拢，双臂自然下垂，两手中指贴裤缝。列车长立岗时须面带微笑，对上车旅客行 15 度鞠躬礼并向旅客问好。

（4）站台巡视。

列车长从车门立岗处朝列车前进方向巡视至首节车厢，然后反向巡视至列车尾部，再返回原位，重联时与另一名列车长沟通信息，交接清楚。

（5）联控关门。

列车长联控关门用语：“××次司机，旅客乘降完毕，请关门。”

重联运行时，后列列车长向前列列车长报告用语：“×× 次列车后部旅客乘降完毕。”再由前列列车长呼叫司机关门，确认车门处于关闭状态。列车长用语须准确规范，要仔细确认车门关闭状态，发现车门故障，及时通知随车机械师处理。

学习笔记

（6）车门监控。

列车关门后，列车长在车内的车门处立岗，行注目礼至列车驶出站台。

（三）始发站开车作业

（1）播放音、视频。

播放音频时，音量适中、内容准确。播放视频时，视频的音量不高于 30 分贝，视频播放完毕后将视频系统调至静音。

（2）安全检查。

列车长组织乘警进行全列的安全检查。

（3）查询乘车人数。

使用站车无线信息交互系统查询特、一、二等座旅客人数，并将人数信息通知列车员。

（4）组织核票、发放赠品。

列车长核票时，双手接票并告知旅客到站时间，将旅客信息登记到动车组乘务手册上，核票的同时，可进行禁烟宣传。列车长须要求无票的旅客补票；发现超重、超大物品时，须要求旅客补费。对“挂失补”车票，列车长要核对席位，确认无误后，开具客运记录交予旅客。

（四）途中作业

（1）途中巡视。

列车长要确保列车运行途中车容整齐，卫生达标，高铁快件装载符合规定；发现故障及时登记并通知随车机械师，客服设备设施发生故障，不能修复时，悬挂故障提示牌并及时向客运段调度员报告；对违规作业行为及时纠正，相关情况登记到动车组列车长乘务日志中。列车长要在 20 分钟内将吸烟旅客的身份信息及其吸烟的具体情况上报客运段生产调度指挥中心。

（2）组织验票。

列车长应要求旅客对超重、超大物品进行补费，对超高儿童按规定

■ 学习笔记 ■

进行补票。发现“票、证、人”不符及无票人员，按规定处理。发放、收回票据和票款时，要在确认无误后，签字交接。对“挂失补”车票及时核对席位使用情况，开具客运记录。列车长还要督促列车员在验票过程中，进行禁烟口头宣传。

（3）组织用餐。

列车长组织乘务人员轮换用餐，安排未用餐的乘务人员负责全列的服务和巡视。乘务人员用餐要避开旅客集中用餐和站停时间段，每人每次用餐时间为 15 分钟，餐后及时返回岗位。

（4）广播宣传。

列车长须按规定播放广播，不得擅自增减广播内容及频次。

（五）途中停站作业

（1）到站前巡视。

列车长须确保途中停站前车内卫生达标。到站前 10 分钟，通知列车员、乘服员确认车门状态指示灯在绿灯位置。遇有故障，及时组织旅客到其他车门乘降。旅客过于集中时，提前组织旅客分散乘降。

（2）车门立岗。

到站前 2 分钟，列车长到达规定车门处立岗，立岗姿势端正，行注目礼至列车停稳。

（3）站车交接。

列车长与站台客运员在规定位置办理交接，交接时相互敬礼，交接手续须齐全清楚。

（4）通知关门。

开车铃响,列车长须目测确认旅客乘降完毕并得到乘务人员旅客上、下车完毕的报告后，从规定的车门登车，按始发站车门关闭程序通知司机关闭车门。

（六）终到作业

（1）终到巡视。

终到前 30 分钟，列车长进行全列巡视，督促列车员、乘服员进行车容整理。对重点旅客进行提示并引导其至下车车门，确保乘降工作安全有序。

（2）车门立岗。

到站后，列车长在车门处立岗，立岗时姿势端正，行注目礼至列车停稳，帮扶重点旅客下车，鞠躬送别旅客。

（3）站车交接。

列车长在指定位置与站台客运员办理交接，相互敬礼，交接清楚。

（七）折返作业

（1）整备鉴定。

列车立即折返时，列车长督促各岗位人员按分工迅速恢复车容，投放垃圾，调节座椅方向，进行卫生保洁，将整备情况进行登记。

（2）上水作业。

列车立即折返时，列车长接到车站上水人员作业完毕的通知后，检查列车水箱水位情况，发现问题及时通知车站处理。

（3）立岗迎客。

列车立即折返时，列车长按始发站迎客作业标准立岗迎客。

（4）入住公寓。

列车非立即折返时，列车长组织乘务人员列队经指定路线前往公寓。补票机、站车无线信息交互系统、GSM-R手持终端放入公寓保管。列车长须要求乘务人员按时休息，执行请销假制度并填写动车组车队折返站公寓入住登记簿。

（5）召开返程会。

返程开车前，列车长召开返程会，布置返程的重点工作，做到任务交代清楚、措施得当、重点突出。在折返站站台确认备品、消耗品配置情况，检查列车整备质量。

（八）退乘作业

（1）终到清点。

列车终到前20分钟，列车长组织清点备品、消耗品，做好交接准备。

（2）终到交款。

列车长须确保票据、票款账目准确。交款作业由列车长与一位列车员（兼管收入）负责。交款作业须有乘警护送，走规定路线，以确保票款安全，无乘警护送，严禁交款。

■ 学习笔记 ■

（3）退乘点名。

列车长组织乘务人员统一从规定车门下车列队，按指定路线到派班室接受点名。列车长将各种票据、报表与派班室值班员进行交接。

（九）召开退乘会

列车长负责召开退乘会，总结经验教训，不断改进工作，要做到发生问题“四不放过”：未查清原因不放过，未找出责任者不放过，职工未吸取教训不放过，未制定整改措施不放过。

二、动车组列车员服务质量标准

（一）出乘前准备作业

（1）待乘。

列车员要严格遵守待乘管理规定，使用公寓的固定床位，班前充分休息，列车始发前2小时起床。

（2）请领票据、设备。

由一位列车员（兼管收入）与列车长共同请领补票机及票据，同时请领对讲机、站车无线信息交互系统、GSM-R手持终端、备品柜、金柜钥匙，确认票据、票种齐全，设备电量充足，状态良好，签字接收。其他列车员请领相应的设备。

（3）派班点名。

列车员穿着规定的制服，佩戴职务标志，携带乘务包及必备资料，列队整齐，接受点名。

（4）参加出乘会。

列车员要认真学习上级下发的文电及有关业务知识，听取列车长关于本趟列车的重点工作部署，认真记录、掌握重点。

（5）列队接车。

列车员行走时两人成排，三人成列，右手拉提乘务箱，大衣不穿时统一搭在左手臂上，列队整齐，步调一致。列车员在出库车辆进站前5分钟到达站台指定位置，等候列车时队形不变，面向列车，乘务箱摆放在身体右侧距右脚10厘米处，箱体前部外边沿与脚尖平齐。列车员从指定车门登乘列车，上车后及时关闭各车车门，临时作业需要再次打开车门时随开随关，以保持车内温度。

学习笔记

（二）始发站准备作业

（1）校验对讲机。

列车员要确保对讲机对话清晰，音量适中，通过对讲机与列车长核对时刻并确认车次信息。

（2）接车检查。

列车员要确保各车厢消防设施和车辆设备状态良好，能正常使用，如发现车辆设备有问题立即报告列车长。每位列车员负责三节车厢的检查工作，确认自动感应门处于工作状态，感应灵敏，确保各种服务备品、消耗品齐全，定位摆放、干净整洁。

（3）整理车容。

列车员整理扶手、靠背、遮阳板、小桌板、头枕、脚踏踏板等，将可旋转式座椅转向列车运行方向。

（三）始发站出场作业

（1）立岗迎客。

列车员在旅客上车车门处立岗，挺胸、收腹，脚跟并拢，脚尖略分开。女性列车员双手四指并拢，交叉相握，右手叠放在左手之上，自然放于腹前；男性列车员五指并拢，双臂自然下垂，两手中指贴裤缝。列车员立岗时须面带微笑，对上车旅客行15度鞠躬礼并向旅客问好；提醒旅客按次序上车，注意脚下安全；引导旅客进入车厢，引领重点旅客就座；提醒旅客将大件携带品放在大件行李区；发现上错车人员或送站人员，及时劝告其下车。

（2）检查车门。

车门关闭后，列车员检查分管的车门是否正常关闭，确认车门正常关闭后，在最后确认车门处面向站台方向立岗。

（四）始发站开车后作业

（1）整理车容。

列车员逐个整理分管车厢，规范处置大件行李及铁器、锐器等物品，整理大件行李区，确保行李在行李架上摆放平稳、整齐，确保通道畅通。

■ 学习笔记 ■

（2）查验车票。

列车员核票时，双手接票并告知旅客到站时间，核票的同时，可进行禁烟宣传。列车员须要求无票旅客补票；发现超重、超大物品时，须要求旅客补费；协助列车长进行补票补费的相关工作。

（3）其他工作。

列车员根据列车长告知的乘车人数，在分管车厢进行人员核定，劝离越席旅客；登记持公免票旅客的姓名、工作单位；发现重点旅客及时报告列车长。

（五）途中作业

（1）巡视车厢。

列车员要随时掌握车内动态，及时解决旅客困难，耐心解答旅客询问，向旅客提供服务；检查车辆设备设施，重点检查车门、电茶炉，做好安全提示；发现吸烟问题报告列车长、乘警；及时掌握分管车厢的水箱水量剩余情况和污物箱容量剩余情况；对无人座位的扶手、靠背、小桌板、脚踏板、遮阳板及时进行复位；协助乘服员进行车内过道、卫生间、车厢连接处地面的卫生保洁；及时补充消耗品。

（2）广播宣传。

列车员须按规定播放广播，不得擅自增减广播内容及频次。

（3）用餐。

列车员应避开旅客集中用餐和站停时间段用餐，用餐时间为每人每次 15 分钟，餐后及时返回岗位。

（4）验票。

列车员在列车行驶途中发现超重、超大物品须及时要求旅客补费；对超高儿童按规定进行补票；对“票、证、人”不符及无票人员按规定处理；配合列车长处理各种涉票事项。

（六）途中停站作业

（1）到站前清扫。

列车到站前 10 分钟，列车员须做好车容整理及垃圾投放的准备工作。

（2）到站提醒。

列车到站前 5 分钟，列车员要做好到站前的提醒工作，协助重点旅客做好下车准备。提醒未到站的旅客不要下车。旅客过于集中时，列车员要提前组织旅客分散乘降。

（3）车门立岗。

列车员应在车门处立岗，立岗姿势端正，行注目礼至列车停稳，发现车门故障立即通知列车长。

（4）组织乘降。

迎送旅客时，列车员应面带微笑，向旅客行15度鞠躬礼并对上下车旅客进行安全提示，发现上错车或送站人员应及时劝告其下车；对站台上吸烟的旅客进行安全提示。出现大雾等恶劣天气，列车员须执行分车厢报告乘降情况的制度。

■ 学习笔记 ■

（5）投放垃圾。

列车员必须将垃圾装袋扎口，投放在站台指定地点。

（6）车门监控。

车门关闭后，列车员按始发站确认程序和出站立岗标准作业。

（七）终到作业

（1）卫生清扫。

列车终到前30分钟，列车员协助乘服员进行卫生清扫、车容整理及垃圾投放工作，整理服务备品和消耗品。

（2）终到提醒。

列车终到前5分钟，列车员要做好重点旅客到站提醒工作，协助重点旅客做好下车准备。

（3）车门立岗。

列车终到前2分钟，列车员到规定车门处立岗，立岗时姿势端正，行注目礼至列车停稳，帮扶重点旅客下车，鞠躬送别旅客。

（4）检查旅客遗失物品。

旅客下车完毕，列车员须对分管车厢进行全面检查，发现旅客遗失物品，要准确记录旅客遗失物品的具体发现位置并向列车长报告。

（八）折返作业

（1）折返整备。

列车立即折返时，列车员须按分工对车容进行恢复，做到卫生达标，车容整齐。列车员要确保厕所面镜洁净，洗脸（手）池和便器无污物、

■ 学习笔记 ■

无异味，电茶炉沥水盘洁净；将消耗品和保洁工具定位放置；将服务指南、免费读物等备品补足配齐，定位放置；将可旋转式座椅转向列车运行方向。

（2）监控上水。

列车立即折返时，列车员须按分工确认折返站上水情况。

（3）立岗迎客。

列车立即折返时，列车员须按始发站迎客作业标准执行折返站迎客作业。

（4）入住公寓。

列车非立即折返时，由一位列车员（兼管收入）陪同列车长将票据、票款存放在车站指定位置；将补票机、站车无线信息交互系统、GSM-R 手持终端放入公寓保管。其他列车员按分工清点备品、消耗品数量。列车员从规定车门下车列队，入住公寓，按时休息，执行请销假制度。

（5）参加返程会。

列车员按时参加返程会，听取列车长布置返程重点工作。

（九）退乘作业

（1）终到清点交接。

旅客全部下车后，列车员对备品进行整理后交予接车人员。

（2）终到交款。

由列车长与一位列车员（兼管收入）负责进行交款作业。交款作业须有乘警护送，走规定路线，以确保票款安全，无乘警护送，严禁交款。

（3）退乘点名。

列车员列队到派班室接受点名。

（4）参加退乘会。

列车员听取列车长关于本趟列车乘务工作的总结，认真做好记录并做好问题整改工作。

三、餐服员服务质量标准

（一）待乘作业

餐服员要严格遵守待乘管理规定，使用公寓的固定床位，班前充分休息，列车始发前2小时起床。

学习笔记

（1）请领商品。

餐服员按上料单签认商品，确保各类商品包装合理，数量准确；确保食品在保质期内无腐烂、变质、破损、胀袋等现象。

（2）派班点名。

餐服员穿着规定制服，佩戴职务标志，携带必备资料（餐服员手册、健康证、上岗证、卫生许可证、发票等），列队整齐，接受点名。

（3）参加出乘会。

餐服员要按规定时间参加出乘会，学习上级下发的文电及业务知识，听取列车长关于本趟列车的重点工作部署。

（4）列队接车。

餐服员行走时两人成排，三人成列，右手拉提乘务箱，大衣不穿时统一搭在左手臂上，列队整齐，步调一致。列车进站停稳后，餐服员列队从规定车门登车，迅速将乘务包等用品定位摆放。

（二）始发站准备作业

（1）校验对讲机。

餐服员要确保对讲机对话清晰，音量适中，通过对讲机与列车长核对时刻并确认车次信息。

（2）整理餐车。

餐服员要确保商品摆放整齐、美观；商品柜、冰箱、吧台、橱柜不放置私人物品；乘务餐需冷藏时，定位放置在后厨专用冰箱，严禁与商品混放；遇商品品种更换及脱销时，及时更新价目表；确保售货车内外清洁，商品在售货车内定位放置，检查售货车的制动装置和防撞胶条；确保售货车不堵通道，不占用旅客空间。

（3）接车检查。

餐服员要检查餐车内消防器材、线路、外接电源及电器设备的状态；检查储藏柜锁闭的情况；对餐车吧台、后厨等区域进行二次保洁；检查售货车制动性能。

（4）整理资料。

餐服员要检查、整理上料单、卫生许可证、发票等资料、票据。

■ 学习笔记 ■

（三）始发站出场作业

（1）吧台立岗。

餐服员在吧台立岗时要挺胸，收腹，脚跟并拢，脚尖略分开。女性餐服员双手四指并拢，交叉相握，右手叠放在左手之上，自然放于腹前；男性餐服员五指并拢，双臂自然下垂，两手中指贴裤缝。餐服员立岗时须面带微笑，对经过的旅客行 15 度鞠躬礼并向旅客问好。

（2）检查车门。

餐服员要检查餐车侧门、后厨边门。

（四）途中作业

（1）销售商品。

餐服员应主动介绍商品，服务热情，用语标准；复述旅客所点的餐食和商品的名称、数量、价格，唱收唱付；递送餐食和商品给旅客时，动作迅速、双手端拿；熟知所售商品的品名、口味、特点、价格；找零准确、及时。

（2）食品加热。

餐服员进行食品加热时，应佩戴口罩和手套；出售盒饭时，现热现卖；推售货车售盒饭应少量多次，避免加热后无法尽数售出；已加热的盒饭延时售出时，必须在价格标签上记录完成加热的时间（现热现卖的盒饭除外）；加热后超过两小时未售出的盒饭一律销毁，严禁重复加热。餐服员应随时关注餐车内电气线路及电器设备情况，食品加热后，切断微波炉电源。

（3）解答询问。

餐服员可携带所担当车次的时刻表，方便解答旅客咨询的相关问题，对无能力解答的问题，可通知列车员或列车长处理。

（4）途中补料。

餐服员发现商品存量不足时，要及时联系补充商品事宜，明确告诉商品供应单位要补充商品的品名和件数，接收商品时，要注意安全。

（5）报废销毁。

餐服员要检查商品的有效期和包装状态，发现过期、变质商品要及时报废并立即销毁。

（五）终到作业

（1）卫生清扫。

列车终到前30分钟，餐服员要做好餐车的卫生清扫工作，恢复车容，将备品定位；清点各种商品，打包装箱。

（2）终到立岗。

列车终到前2分钟，餐服员在吧台立岗送别旅客，立岗时要面带微笑，向下车旅客行15度鞠躬礼并向旅客道别。

学习笔记

（六）折返作业

（1）折返整备。

列车立即折返时，餐服员在列车到站前应清点库存餐食，整理吧台，补充商品，确认账目准确，售货车状态良好。

（2）确认上水。

列车立即折返时，餐服员应检查餐车在折返站的上水情况。

（3）入住公寓。

列车非立即折返时，餐服员要清点列车上商品的数量，与折返站商品库保管人员做好交接。餐服员领取乘务包后，统一从规定车门下车，入住公寓，按时休息，执行请销假制度。

（4）参加返程会。

餐服员按时参加返程会，听取列车长布置返程重点工作。

（七）退乘作业

（1）终到清点交接。

列车终到前30分钟，餐服员要盘点本趟列车的商品，掌握商品销售情况、剩余数量情况，旅客全部下车后，将剩余的商品打包装箱与商品库保管人员进行交接。

（2）退乘点名。

餐服员列队整齐，从规定车门下车，按指定路线到派班室接受点名。

（3）参加退乘会。

餐服员听取列车长关于本趟列车乘务工作的总结，认真做好记录并做好问题整改工作。

学习笔记

（4）汇报工作。

餐服员到商品库向业务主管汇报本趟列车餐售工作情况。